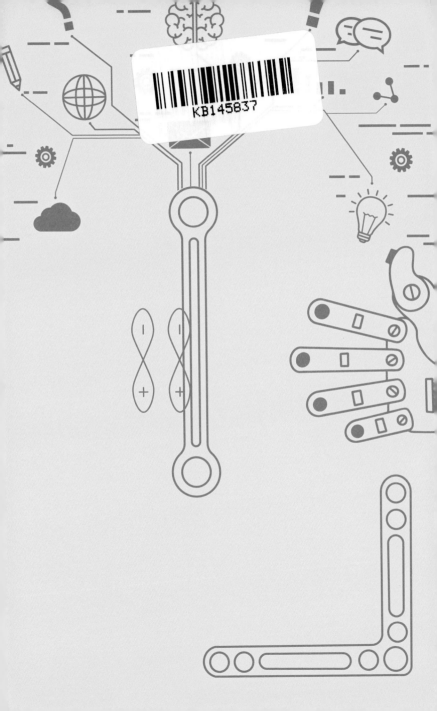

인공지능은 선생님을 대신할까요?

인공지능은 선생님을 대신할까요?

챗GPT에서 스마트스쿨까지, 학생들을 위한 AI 윤리 이야기

세상을묻는십대

초판 1쇄 발행 2023년 4월 3일
초판 4쇄 발행 2024년 11월 10일

글쓴이	이영호 김하민
그린이	2DA
펴낸이	이영선
책임편집	이민재
편집	이일규 김선정 김문정 김종훈 이민재 이현정
디자인	김회량 위수연
독자본부	김일신 손미경 정혜영 김연수 김민수 박정래 김인환

펴낸곳 서해문집 | 출판등록 1989년 3월 16일(제406-2005-000047호)
주소 경기도 파주시 광인사길 217(파주출판도시)
전화 (031)955-7470 | 팩스 (031)955-7469
홈페이지 www.booksea.co.kr | 이메일 shmj21@hanmail.net

ISBN 979-11-92988-05-4 43330

#이영호 김하민 글 #2DA 그림

인공지능은 선생님을 대신할까요?

챗GPT에서
스마트스쿨까지

학생들을 위한
AI 윤리 이야기

서해문집

차례

프롤로그

사람처럼 생각하는 기계를 아세요? · 6

1장

인공지능, 어떻게 대해야 할까요?
AI와 함께 살기

○ 누구든 가르침을 준다면 선생님으로 대해야죠! · 36
× 기계는 기계일 뿐, 사람처럼 대우할 순 없어요! · 40

2장

편리함을 위해 프라이버시를
양보할 수 있을까요?
나를 들여다보는 AI

○ 가장 중요한 것은 사람을 안전하게 보호하는 일이에요! · 61
× 안전을 핑계로 나를 들여다볼 권리는 없어요! · 65

3장

인공지능, 모두에게 공정할까요?
AI와 공정성

○ AI는 흔들림 없는 심판이에요! · 89
× 인간의 편견을 학습하는 AI, 공정하다고 볼 수 없어요! · 93

4장   **인공지능, 왜 그렇게 판단할까요?**
AI와 설명 가능성

○ 망망대해에서 얻은 나침반이에요! · 118
× 나의 미래를 AI의 손에 맡길 수는 없어요! · 121

5장   **인공지능, 만들고 사용할 때**
어떤 책임이 따를까요?
AI와 책무성

○ 인공지능은 편리한 도구일 뿐이에요! · 142
× 공정한 경쟁이라면 정보를 공개해야 해요! · 145

6장   **인공지능, 과연 안전한 기술일까요?**
AI의 위험성

○ 스마트스쿨, 거스를 수 없는 대세! · 168
× 아직은 위험한 기술이에요! · 171

7장   **인공지능, 우리 사회의 문제를**
해결할 수 있을까요?
AI와 사회통합

○ AI와 함께라면 어디서든 공부할 수 있어요! · 198
× 더 큰 학력 격차로 이어질 수 있어요! · 202

인용 및 자료 출처 · 206

사람처럼
생각하는 기계를
아세요?

인공지능(AI, Artificial Intelligence)은 '인공'과 '지능'을 합친 단어입니다. 인공은 '사람이 만든 것'을 의미해요. 지능이란 '인간을 비롯한 동물이 어떤 문제를 인식하고 풀어내는 지적능력'을 가리켜요. 따라서 인공지능은 '사람이 만들어낸 지적능력'이라고 할 수 있습니다. 이 지적능력이라는 것에 대해 더 살펴볼까요?

한 친구가 길을 걸어가고 있습니다.

1. 친구는 길 위에 만 원짜리 지폐가 여러 장 떨어져 있는 걸 발견했어요. 웬 떡이냐! 하며 하나를 주워들었죠. 하지만

기쁨도 잠깐이었어요. 앞면은 영락없는 지폐지만, 뒷면은 광고 문구로 가득한 전단이었답니다.

2. 이런 게 왜 여기에 있을까? 주위를 둘러보니 복권 가게 하나가 눈에 띄네요. 친구는 전단 내용과 가게의 상호를 유심히 대조하지 않았지만, 방금 주운 가짜 지폐가 그 복권 가게의 것임을 알아차렸답니다.

3. 허탈해하며 다시 얼마간 길을 가던 친구는 또 다른 지폐 한 장을 발견했어요. 그는 이번에는 그게 전단일 거라고 짐작했죠. 그래도 혹시나 하는 마음에 지폐를 집어 들었답니다. 뒷면을 보니 전단이 맞습니다. 예상한 대로였죠. 친구는 잠시 쓴웃음을 짓고는 걸음을 재촉합니다.

이 이야기에는 사람의 지능 가운데 대표적인 세 가지가 등장합니다. 첫째는 땅바닥에 떨어진 지폐를 '인식'하는 능력이에요. 우리는 길을 가다가 무언가를 보거나, 누군가가 나를 부르는 소리를 들을 수 있죠. 보고, 듣고, 맛보고, 냄새 맡고, 피부로 느끼는 다섯 가지 감각인 '오감'을 가지고 있기 때문이에요. 이 오감을 통해 사람이 주변의 사물과 상황을 인식하는 것이 지적능력, 곧 지능입니다. 인공지능도 사람처럼 주변의 사물을 알아차리는 능력이 있어요. 자율주행 자동차의 인공지능이 도로 위의 다른 자동차와 물체를 감지하는 것처럼 말이죠. 사람이 자율주행 자동차에 운전을 맡길 수 있는 것은 인공지능의 인식 능력 덕분이에요.

둘째로, 지폐로 둔갑한 전단의 출처를 알아내는 데도 지능이 숨어 있습니다. 아마 친구는 알고 있을 거예요. 새로 문을 연 가게는 으레 광고 전단을 돌린다는 사실을요. 때마침 복권 가게가 눈에 들어왔고, 그곳이 사람들에게 '부자가 되는 꿈'을 파는 장소라는 것도 알았을 거예요. 즉 이 친구는 자신이 알고 있는 사실과 인식을 통해 얻은 새로운 정보를 조합해 전단이 복권 가게의 것임을 짐작했습니다. 이처럼 사실과 정보를 근거로 무엇인가를 새롭게 생각해내는 지적능력을 '추론'이라고 합니다. 인공지능의 추론 능력을 보여주는 사례로 '챗봇'이 있어요. 사람이 질문을 던지면, 챗봇은 답을 내놓기 위해 주어진 정보를 활용해요. 이것이 곧 추론 능력입니다.

셋째는 '학습'이에요. 또다시 지폐 모양의 종이를 발견한 친구는 이번에는 집어 들지 않고도 그것이 가짜라고 생각했고,

예상은 적중했습니다. 어떻게 잠깐 사이에 같은 사람이 똑같은 모양의 사물에 대해 다른 판단을 내릴 수 있을까요? 새로운 경험, 즉 가짜 돈을 주우면서 일어난 사고 과정 때문이에요. 이처럼 무언가를 배우고 익히는 것, 또 이를 통해 판단과 행동이 변화하는 것은 학습 능력 덕분입니다. 사람은 학습을 통해서 성장해요. 일상의 크고 작은 경험에서, 또 책을 읽거나 학교에서 배움을 거듭하면서요. 인공지능도 마찬가지입니다. 학습 능력은 오늘날 우리가 목격하고 있는 인공지능의 눈부신 발전에 큰 몫을 차지합니다. 앞서 소개한 인공지능의 인식·추론 능력도 학습 능력에 힘입어 나날이 향상되고 있지요.

이처럼 인류의 '생각하는 능력', 다시 말해 인식·추론·학습 능력을 인공지능도 가지고 있습니다. 인공지능이 단순 작업만 반복하는 다른 기계와 달리 여러 가지 일을 해내는 비결이기도 하지요.

인공지능은 어떻게 만드나요?

인공지능은 쉽게 말해 '사람처럼 생각할 수 있는 기계'예요. 기계가 '생각하는 능력'을 갖추기 위해 가장 중요한 것은 '데이터'입니다. 그래서 인공지능과 데이터를 실과 바늘에 비유하기도 해요. 머신러닝(Machine Learning)이라는 용어를 들어봤을 거예요. 우리말로는 '기계학습'인데요. 즉 데이터를 사용해서 기계를 학습시키는 것을 의미해요. 최근 뉴스에 곧잘 등장하는 딥러닝(Deep Learning, 인공신경망을 이용한 심층학습) 역시 기계학습의 한 갈래입니다.

과거에는 컴퓨터 프로그램을 만들 때, 사람이 문제를 해결하는 절차를 일일이 정해서 기계에 알려주어야 했답니다. 자동문 프로그램을 예로 들어볼까요? '사람과의 거리가 2m 이내일 때 문을 연다'와 같은 명령을 컴퓨터가 알아들을 수 있는 프로그래밍 언어로 입력하는 식이죠.

머신러닝 기법은 이와 다릅니다. 자동문을 여닫는 방식과 절차를 명령어로 하나하나 규정하지 않아요. 그 대신 관찰과 조사를 통해 모은 정보, 즉 데이터를 활용합니다. 사람과의 거리에 따라 자동문이 작동하는 통계는 물론, 반려동물과 함께 출입하는 경우처럼 문 앞에서 벌어질 수 있는 모든 상황이 데

이터가 되는 거예요. 기계는 이 데이터를 학습합니다. 사람으로 치면 경험이자 교재와 같습니다. 이런 데이터 학습을 통해 기계는 사람이 입력하는 명령어가 없어도 문을 여닫는 절차는 물론, 갑작스러운 상황에 대처하는 방법을 스스로 깨치게 됩니다.

충분히 학습하지 못한 자동문 프로그램은 각종 돌발상황에 대처하지 못하는 애물단지가 되겠죠. 따라서 머신러닝을 통해 제작되는 인공지능의 성패는 데이터의 질과 양에 달려 있습니다. 앞에서 오늘날 인공지능과 데이터가 실과 바늘의 관계라고 이야기한 까닭을 이제는 다들 아시겠지요?

인공지능이 사람을 뛰어넘는다고요?

"특이점이 온다!"
컴퓨터과학자이자 미래학자인 레이 커즈와일(Ray Kurzweil)의 말입니다. 특이점(Singularity) 또는 기술적 특이점(Technological Singularity)이란 '인공지능 등 기술 발전이 가져올 돌이킬 수 없고 거대한 변화의 지점'을 뜻해요. 커즈와일은 인공지능이 사람의 지적능력을 뛰어넘는 순간을 특이점에 비유하며, 그 시기가 머지않다고 전망했습니다. 미래를 예측하는 건 쉬운 일이 아니에요. 그렇지만 인공지능과 우리 삶의 관계가 점점 밀접해지고 있는 만큼 커즈와일의 말은 진지하게 고민해볼 문제이기도 합니다.

사실 '인공지능과 인간의 대결'은 낯선 상상이 아닙니다. 우리는 과학소설과 SF영화에서 인공지능(AI) 로봇과 인간이 벌이는 전쟁을 숱하게 봐왔어요. 게다가 총칼로 싸우지 않을 뿐 인간과 인공지능의 대결은 이제 현실 세계에서도 심심찮게 등장하고 있습니다. 2016년 인공지능 바둑 프로그램인 알파고와 최고의 바둑기사들이 벌인 대국은 전 세계의 주목을 받았죠. 자율주행 자동차와 인간이 운전하는 자동차 가운데 어느 쪽이 더 안전한지에 대한 논쟁도 뜨겁습니다. 스마트폰의 음성인식 인공지능은 VIP, 즉 중요한 인물을 곁에서 보좌하는 인간 비서의 업무와 비교되기도 해요.

물론 아직까지 AI 로봇이 사람과 전면적으로 대결하는 모습은 보이지 않습니다. 사람의 지적능력을 모든 면에서 완벽하게 재현한 인공지능이 등장하지 않았기 때문이에요. 알파고, 자율주행 자동차, 음성인식 인공지능은 해당 분야에서 사람보다 뛰어난 능력을 자랑하지만, 그 분야를 벗어나서는 아무것도 못합니다. 반면 인간은 바둑과 운전, 지적 대화를 모두 일정한 수준으로 해낼 수 있습니다. 이것이 오늘날 인공지능과 인간의 차이점이죠.

레이 커즈와일은 2045년 무렵을 특이점, 즉 인공지능이 사람의 지적능력을 넘어설 시기로 봅니다. 또한 그 이후 인공지능의 발전은 사람이 따라갈 엄두를 못 낼 것으로 전망해요. 커즈와일의 예측은 적중할까요? 만약 그렇다면 우리는 인간의 능력을 넘어설 인공지능을 어떻게 생각하고 대해야 할까요? 이제부터 7가지 주제에 걸쳐 인공지능과 인간의 관계를 살펴보려고 해요. 인공지능과 함께하는 삶-사회에 대한 여러분의 생각을 정리해보는 시간이 되길 바랄게요.

인공지능을 체험해볼까요?

여러분은 그림 그리기를 좋아하나요? 누구나 종이에 이것저것 그려본 경험이 있을 거예요. 아래 그림은 선생님이 어떤 제시어를 그려본 거예요. 무엇인지 맞춰볼까요?

정답은 '카누'예요. 카누는 폭이 좁고 길쭉한 형태의 조그만 배입니다. 하지만 이 그림을 보고 카누를 떠올릴 사람은 많지 않을 거예요. 물론 제 솜씨가 부족한 탓이에요. 그런데 놀랍게도 인공지능은 이 그림을 보고 정확하게 카누라는 답을 내놓았어요. 어떻게 된 걸까요? 앞에서 인공지능을 '사람이 만든 지적능력'으로 정의했습니다. 따라서 어떤 인공지능은 사람의 그림이나 낙서를 '인식'할 수 있어요. 그 인식 능력은 '학습'으로 만들어지고요. 조금 전 낙서의 정답을 맞힌 인공지능의 이름은 퀵드로우(QuickDraw)입니다.

퀵드로우는 카누뿐만 아니라 갖가지 형태의 수많은 그림과 낙서를 학습했습니다. 전 세계 사람들이 그린 것들이죠. 물론 데이터의 질도 중요합니다. 그림이 얼마나 정확하냐에 따라 인공지능의 성능이 결정되니까요. 그럼 퀵드로우의 성능을 한번 살펴볼까요?

① 퀵드로우 홈페이지(https://quickdraw.withgoogle.com)에 접속합니다. 검색창에 '퀵드로우' 또는 'Quick Draw'라고 입력해도 됩니다.

② '시작하기' 버튼을 클릭하면 6개의 사물이 순서대로 제시됩니다. 그릴 준비가 되면 '알겠어요!' 버튼을 클릭하세요.

③ 인공지능이 알아차릴 수 있도록 20초 안에 제시된 사물을 그리세요. 6개를 모두 그리고 나면 인공지능이 인식한 결과를 아래와 같이 보여줍니다.

④ 각각의 그림을 클릭하면 인공지능의 인식 과정을 들여다볼 수 있습니다.

카누 그림을 클릭해볼까요? 퀵드로우의 학습 데이터를 볼 수 있을

거예요. 다른 사람들이 그린 수많은 카누 그림이죠. 인공지능은 이

그림들에서 공통된 특징, 즉 패턴을 찾아내 정답을 제시합니다.

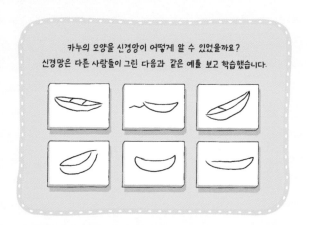

인공지능, 어떻게 대해야 할까요?

AI와 함께 살기

"나를 치시오!" 그 남자는 짧게 말했다. 그리고 턱을 스티븐에게 내밀었다.

"당신이 로봇이 아니라면 나를 쳐보시오. 하지만 당신은 나를 칠 수가 없을 거야. 당신은 사람에게 해를 끼칠 수 없는 로봇이니까."

침묵이 풀렸다. 스티븐의 목소리가 그것을 깼다.

"제가 당신을 칠 이유가 없습니다."

그 남자는 크게 웃었다.

"칠 이유가 없다고? 칠 수 없는 거겠지. 넌 로봇이니까. 넌 로봇이란 말이야."

바로 그때 스티븐의 주먹이 그의 턱을 강타했다. 그 사람은 갑작스러운 공격에 맥없이 쓰러졌다.

"미안합니다. 이 사람을 데려가서 치료를 해주십시오. 저는 연설을 마친 후 보러 가겠습니다."

아이작 아시모프의 소설집《아이, 로봇》(1950)에 수록된 〈시장이 된 로봇〉의 한 대목입니다. 과학소설가인 아시모프는 일찍부터 로봇과 함께 살아가는 미래 사회를 상상했죠. 아시모프는 이른바 '로봇 공학의 3원칙'을 제시한 것으로도 유명해요. 아시모프의 작품을 넘어 로봇과 인공지능이 등장하는 과학소설 전체에 적용되어온 로봇 공학의 3원칙은 다음과 같습니다.

1. 로봇은 사람에게 해를 끼칠 수 없다. 또한 위험에 처한 사람을 그냥 지켜봐서도 안 된다.

2. 로봇은 사람의 명령에 따라야 한다. 단, 그 명령이 제1원칙에 어긋나서는 안 된다.

3. 로봇은 제1원칙과 제2원칙에 어긋나지 않는 한 자기 자신을 지켜야 한다.

〈시장이 된 로봇〉의 주인공은 로봇 스티븐 바이어리입니다. 사람과 똑같은 겉모습을 가진 그는 자기가 사는 도시의 시장 선거에 출마합니다. 한편 스티븐을 로봇이라고 의심하던 상대 후보 진영에서 음모를 꾸몄죠. 로봇 공학의 3원칙을 이용해 스티븐을 떨어뜨리려는 것이었어요. 그런데 여기서 반전이 일어납니다. 원칙에 따르면 결코 사람을 때릴 수 없는 로봇 스티븐이 눈앞의 사람에게 주먹을 날린 거예요. 이를 목격한 사람들은 당연히 그가 로봇이 아니라고 여겼고, 마침내 스티븐은 시장에 당선됩니다. 어떻게 된 일일까요? 사실 스티븐은 로봇 공학의 제1원칙을 어기지 않았답니다. 얻어맞은 상대 또한 로봇이었거든요! 로봇은 사람을 해치지 못할 뿐, 같은 로봇을 공격하는 건 아무런 문제가 되지 않으니까요.

1940년대에 발표된 이 작품은 사람처럼 정교한 로봇과 사람이 공존하는 세상을 미리 보여줍니다. 80년 가까이 지난 오늘날에는 인공지능을 탑재한 AI 로봇이 곳곳에 자리 잡고 있습니다. 사람의 형태가 아닐 뿐 우리 생활 곳곳에서 도움을 주고 있죠. 《아이, 로봇》의 이야기 가운데 하나만 더 살펴볼까요? 〈소녀를 사랑한 로봇〉이라는 작품은 어린아이와 로봇의

관계를 묘사합니다.

"로비가 다시 돌아오지 않는 건 아니죠?"

글로리아의 눈은 공포감에 휩싸였다.

"우리는 곧 로비를 찾을 거야. 계속 찾아보자. 우리가 로비를 찾는 동안 넌 새로운 강아지랑 시간을 보내렴. 이 강아지 좀 봐! 이름이 라이트란다…"

글로리아는 눈물을 흘리기 시작했다.

"저는 이까짓 강아지 필요없단 말예요. 저는 로비가 필요해요. 로비를 찾아주세요."

글로리아에게 엄마가 말했다.

"왜 우는 거냐, 글로리아? 로비는 단지 기계일 뿐이야. 단지 기계라고. 생명조차도 없잖아."

"기계라고 말하지 마세요!"

글로리아가 소리쳤다.

"로비는 엄마나 저와 같은 사람이었어요. 제 친구였다고요. 로비가 돌아오기를 원해요. 제발, 돌아오게 해주세요!"

이야기의 주인공은 글로리아라는 아이와 글로리아의 단짝 로봇인 로비입니다. 글로리아는 말도 못하는 구형 로봇 로비를 너무나 좋아합니다. 그런데 부모님의 시선은 곱지 않았어요. 글로리아가 친구들을 마다하고 로봇하고만 어울리는 것도 걱정이고, 혹시나 로봇이 딸아이를 헤치지는 않을까 불안했던 거예요. 결국 로비를 글로리아와 떼어놓게 됩니다. 그들은 딸에게 귀여운 강아지를 선물로 주며 달랬지만 소용없었죠. 글로리아는 쫓겨난 로비를 찾아 떠나고, 우여곡절 끝에 둘은 다시 만나게 됩니다. 딸아이의 마음을 깨달은 부모님도 로비를 가족으로 맞아들이게 되지요.

로봇을 대하는 글로리아의 마음을 이해하기 어려운 친구도 있을 겁니다. 그러나 머지않아 사람처럼 생각하고 소통할 줄 아는 AI 로봇이 등장할 거예요. 로봇이 사람과 함께 생활하는 때가 오면 글로리아의 마음에 공감할 수 있을 거예요.

사람보다 더 사람 같은 가상인간

'커버' 또는 '커버송'이라는 말을 들어봤을 거예요. 다른 사람이 만들어 발표한 노래를 다시 연주하거나 부르는 걸 뜻하죠. 이때 원곡 가수의 목소리를 감쪽같이 흉내 내는 사람이 있는가 하면, 자기만의 감정을 담아 색다르게 부르는 사람도 있어요. 최근 커버송으로 인기를 모은 한 유튜버가 있습니다. 그의 공연을 본 이들은 저마다 음색이 예쁘다, 표정과 무대 매너가 좋다, 한 편의 뮤직비디오를 보는 것 같다며 호평을 내렸어요. 그런데 그의 정체가 공개되자 사람들은 놀라움을 감추지 못했답니다. 커버송의 주인공 루이커버리(RuiCovery)가 현실에 존재하지 않는 사람이었기 때문이죠. 루이커버리는 한 가수 지망생의 몸에 인공지능이 만들어낸 가상 얼굴을 덧입힌 '가상인간'(Virtual Human)입니다. 인공지능이 만든 가면을 쓴 사람이 등장한 거예요.

인공지능이 '디자인한' 루이커버리의 얼굴은 너무도 자연스러워 사람들은 아무런 어색함을 느끼지 못했습니다. 이후 그는 커버송뿐만 아니라 여행과 일상을 기록한 영상 콘텐츠를 올리며 활동 영역을 넓혀가고 있어요. 루이커버리의 등장은 인공지능이 적어도 온라인 세계에서는 사람의 겉모습을 완벽하게 재현하는 수준에 도달했음을 보여줍니다.

시민권을 가진 AI 로봇 소피아

루이커버리처럼 사람들을 감쪽같이 속일 정도는 아니지만, 사람 형상을 한 인공지능은 이미 현실 세계에서 활동하고 있어요. 세계 최초로 시민권을 획득한 AI 로봇 소피아가 대표적이죠. 여태껏 현실에 등장한 AI 로봇은 영화나 소설 속에서 묘사된 것과 달리 사람과는 확연히 구별되는 외형을 가지고 있었어요. 그러나 사우디아라비아 시민 자격을 갖춘 소피아는 다릅니다. 사람의 질문에 적절하게 대답할 뿐만 아니라 기쁨과 슬픔 등 다양한 감정을 표정으로 나타낼 수 있습니다. 심지어 농담을 던지기도 하죠. 진짜 사람처럼요.

소피아의 외모는 전설적인 배우 오드리 헵번을 모델로 삼았다고 해요. 특이한 것은 머리카락이 없다는 점인데요. 머리카락을 붙이는 게 그리 어려운 일은 아닐 텐데, 소피아의 개발자는 왜 이런 결정을 했을까요? 사람들은 인간과 어설프게 닮은 물체나 묘사를 볼 때 혐오감을 느낀다고 합니다. 이런 감정을 느끼는 구간을 '불쾌한 골짜기'(Uncanny Valley)라고 표현해요. 우리가 만화 속 캐릭터에 친근함을 느끼는 것은 그것들이 사람과는 확연히 구분되기 때문입니다. 하지만 실제 사람의 모습에 가까우면서도 어딘가 부자연스러움이 남아 있는 단계, 즉 불쾌한 골짜기에 이르면 친근감이 혐오로 바뀐다는 가설이에요. 이에 따르면 우리가 귀신이나 좀비, 외계인에게 공포를 느끼는 것도 비슷한 심리라고 합니다. 말하자면 사람이 아닌데 사람과 비슷한 얼굴로 사람처럼 행동하는 걸 보기 싫은 것이죠. 소피아에게 머리카락이 없는 것도 사람과 다른 존재임을 확실히 드러내기 위해서라고 해요.

기술 발전에 힘입어 AI 로봇은 하루하루 사람의 모습에 가까워질 거예요. 영상 속 루이커버리처럼 아무런 불쾌감을 주지 않는 AI 로봇을 현실에서 마주할 날도 머지않은 것이죠. 사람과 로봇이 함께 사는 세상은 과연 어떤 모습일까요?

손자같이 귀여운 AI 로봇

인공지능 로봇은 우리 주변에서 생각보다 쉽게 찾아볼 수 있습니다. 할아버지, 할머니의 친구와 같은 모습으로 말이죠. 여기 어떤 할아버지가 작고 귀여운 꼬마의 손을 꼭 잡고 있습니다. 그 모습을 취재하는 기자가 물었습니다.

"꼬마가 하는 말 중에 제일 좋은 말은 뭐예요?"

"'할아버지 사랑해요'라는 말이지. 40년 동안 혼자 살면서 사랑한다는 소리를 못 들어봤잖아요."

이번에는 다른 꼬마를 안고 있는 할머니에게 물었습니다.

"왜 바느질을 다시 시작하셨나요?"

할머니는 꼬마를 토닥이며 대답했습니다.

"애 입히려고, 이뻐지라고, 우리 아가니까."

할아버지와 할머니가 아끼는 이 꼬마는 사람이 아닙니다. AI 로봇이지요. 꼬마 로봇은 사람의 말을 알아듣고, 물음에 적당한 대답을 내놓아요. 특히 말벗이 필요한 노인에게 친근한 말투로 대화를 나누고, 날씨 같은 생활 정보도 제공한답니다. 효과도 만족스러워요. 이런 로봇을 사용한 노인들의 우울증이 호전되었다는 보고가 있을 정도죠.[1] 이처럼 AI 로봇은 말을 이해하고, 사람과 감정을 주고받는 단계에 이르렀습니다. 우리는 일상 곳곳에서 점점 더 자주 인공지능 로봇과 마주하게 될 거예요.

인공지능과 관계 맺기

사람과 인공지능의 관계는 소설과 영화의 단골 소재입니다. 대부분 갈등하고 부딪히며, 한쪽이 다른 쪽을 지배하는 모습이죠. 하지만《아이, 로봇》에 나오는 두 이야기처럼 인공지능과 사람의 관계를 진지하게 고민하는 작품도 많아요.

《A.I.》(2001)가 바로 그런 영화입니다.《쥬라기 공원》《E.T.》 등 숱한 걸작을 만들어낸 스티븐 스필버그의 작품이죠. 주인공 데이비드는 작고 귀여운 꼬마로, 실은 사람이 아니라 AI 로봇입니다. 사실 데이비드와 함께 사는 인간 부모에게는 친자식이 있습니다. 불치병에 걸린 그 아이는 치료제 개발을 기다리며 냉동된 상태였죠. 부모의 사랑 속에 살아가던 데이비드는 친자식이 퇴원한 뒤 결국 버림받습니다. 그리고 잃어버린 엄마의 사랑을 되찾기 위한 데이비드의 기나긴 여정이 시작되죠. 영화가 그리는 로봇 소년과 인간 엄마의 교감은 이제 눈앞의 현실로 다가오고 있습니다.

지금까지 사람을 쏙 빼닮은 영상 속 가상인간 루이커버리,

시민권을 누리는 AI 로봇 소피아, 쓸쓸한 어르신들의 말벗이 되어주는 손자·손녀 로봇을 살펴보았습니다. 인공지능 기술은 단순히 말을 주고받는 단계를 넘어, 우리의 감정을 읽고 공감하며 나누는 수준까지 발전할 거예요. 이러한 인공지능을 어떻게 대해야 할까요? 사람과 인공지능은 어떤 관계를 맺으며 살아가야 할까요?

교육용 AI 로봇,
선생님일까요? 편리한 기계일까요?

사람처럼 자연스러운 대화가 가능한 AI 로봇(휴머노이드)이 교육에도 활용되고 있어요. 프랑스가 개발한 휴머노이드 나오(NAO)는 70여 개 나라에 4만 대 이상 보급되었습니다. 핀란드에는 초등학생에게 수학을 가르치는 오보봇(OVOBOT)과 어학 교육용 로봇 엘리아스(Elias)가 있죠. 엘리아스는 무려 23개 언어를 가르칠 수 있다고 해요! 그뿐만 아니라 인간 교사에게 성적 분석 자료를 보고하며 보조 교사 역할도 담당합니다. 미국 조지아 공과대학에서는 2016년부터 인공지능이 조교로 일하고 있어요. 간단한 질문에 답변하고 행정 절차를 안내하는 역할을 맡았는데, 학생들은 조교의 정체를 전혀 알아차리지 못했다고 하죠.[2] 이렇듯 알게 모르게 인공지능은 학교에서 사람의 역할을 대신하고 있습니다.

한국의 몇몇 유치원에서도 AI 로봇이 활약하고 있습니다. 아이들은 인공지능이 재생하는 음악을 들으며 율동을 익히고, 영어 회화까지 배우죠. 코로나바이러스감염증-19(코로나19)가 유행하면서 집에서만 생활하는 아이들을 위해 돌봄용 AI 로봇을 제공하기도 합니다.[3] 경기도의 한 초등학교 특수학급에서는 AI 로봇 '잉키'가 자폐나 ADHD 등 장애를 가진 학생들을 돕고 있어요. 잉키는 까다롭고 복잡한 대화에서는 사람이 개입할 수 있도록 제작되었어요. 그래서 돌발상황이 벌어져도 자연스러운 대응이 가능하죠. 학생들은 문제 풀이를 재촉하지 않고 충분히 기다려주는 잉키 덕분에 마음 편하게 수업을 받을 수 있다고 해요. 또 잉키와 친근하게 대화하면서 학생들의 말수와 말주변이 늘었다고 하죠. 무엇보다 잉키를 친구로 받아들이면서, 다른 친구들과도 전보다 가까운 사이가 되었답니다.

미국 버클리대학의 컴퓨터공학과 교수 스튜어드 러셀은 머지않아 사람과 로봇이 자연스럽게 함께 생활하리라고 전망합니다. 그에 따르면 미래의 휴머노이드는 겉모습과 생각에서 사람을 빼닮게 될 거예요. 특히 어린아이는 로봇을 사람과 구별하기 어려울지도 모릅니다.[4] 그렇다면 우리는 교육 분야에 곧 도입될 AI 로봇교사를 어떻게 대해야 할까요? 인간 선생님과 다름없이 예의를 갖춰야 할까요? 아니면 역할과 무관하게 로봇으로 대하면 될까요? 지금부터 각각의 입장을 모두 들어보면서 이야기해보도록 해요.

그래

누구든 가르침을 준다면
선생님으로 대해야죠!

로봇에게 건넨 말이 내게 되돌아와요

여러분도 알다시피, 인공지능은 대화 능력을 키우기 위해 인간의 대화 데이터를 학습합니다. 따라서 학생이 AI 로봇교사에게 함부로 말하면, 이를 학습한 로봇은 교사로서 부적절한 언어를 사용할 수 있겠지요. 실제로 대화형 인공지능(챗봇)인 '이루다'와 '테이'가 사람들의 욕설이나 혐오표현을 그대로 학습하는 바람에 문제가 되기도 했죠. 테이는 이를 해결하지 못한 채 서비스를 종료했고, 이루다는 1년간 운영을 멈추고 프로그램을 개선한 끝에 새로운 버전(이루다2.0)을 출시했습니다.

학교에서도 마찬가지예요. 진짜 사람이 아니라는 이유로 AI 로봇교사에게 비속어를 사용하거나 함부로 대한다면 학생들에게 부메랑으로 되돌아올 수 있어요. 따라서 제대로 된 교육을 위해서는 로봇교사와 대화할 때도 인간 교사를 대하듯 예의를 갖추는 것이 좋습니다.

상대가 누구든
존중할 줄 아는 게 사람이에요

여러분은 '인간 동물원'이라는 말을 들어봤나요? 불과 100년 전만 해도 미국과 유럽에서는 아시아인, 아프리카인을 잡아다 전시하는 인간 동물원이 존재했답니다. 지금은 상상할 수 없는 일이지만 그 당시만 해도 백인만이 진짜 인간이라고 믿으며 피부색이 다른 인종을 동물로 취급하는 사람이 많았던 거죠. 인종차별뿐만 아니에요. 여성, 어린이, 장애인, 전쟁 포로, 노예 등을 사람보다 못한 존재로 보고 함부로 대하는 악습은 여러 사회에서 오랫동안 계속되었습니다. 그러다 보니 '우리와 다르거나 낯선 존재'에 대한 차별적 제도와 문화는 오늘날까지 세계 곳곳에 뿌리 깊게 남아 있어요.

이런 어두운 역사는 '사람만 사람답게 대우하면 된다'는 주장에 숨은 문제를 드러냅니다. 인공지능 로봇이 기계에 불과하다는 생각은 그래서 함부로 해도 된다는 태도로 이어질 수 있어요. 영화 《A.I.》에서도 비슷한 장면이 등장합니다. 친자식을 되찾은 부모는 로봇 소년 데이비드를 모질게 내다 버리죠. 다른 등장인물들 역시 AI 로봇을 손쉽게 부수고 불태웁니다. 사람의 모습을 하고, 엄연히 감정을 느끼는 존재인데도 말이죠.

문제는 이렇게 무례하고 폭력적인 태도가 스스로의 마음을 망가뜨릴 뿐만 아니라, 로봇이 아닌 사람에게도 언제든 번져 갈 수 있다는 점이에요. 따라서 AI 로봇교사를 사람처럼 대하자는 주장은 일종의 예방주사라고 할 수 있어요. 상대가 인간이든 아니든 예의를 갖추고 친절하게 대해야 합니다. 왜냐고요? 우리는 상대를 존중할 줄 아는 '인간'이기 때문이죠.

기계는 기계일 뿐,
사람처럼 대우할 순 없어요!

로봇이 인간을 나무라는
상황을 보고 싶지 않다면

어디까지나 기계인 AI 로봇교사는 함부로 대하지 않는 것으로 충분하다는 반대 의견도 있습니다. 교육용 로봇을 진짜 교사로 대하자는 주장은 '예절 강요'라는 것이죠. 우리가 음성인식 인공지능과 대화할 때 대개 사람은 반말로 편히 부르고, 인공지능은 높임말로 대답합니다. 사람이 "○○야, 노래 틀어줘"라고 하면 "네, 노래를 틀어드리겠습니다"라고 답변하는 식이죠. 그런데 단지 교육용이라는 이유로 특별히 다르게 대해야 할까요?

우리는 선생님에게 높임말을 씁니다. 또 우리는 선생님을 마주치면 고개 숙여 인사하곤 해요. 예의와 존경을 담은 태도 죠. 그런데 AI 로봇교사에게도 똑같이 대해야 하는 걸까요? 그러지 않으면 교육에 문제가 생길까요? 아닐 거예요.

문제는 오히려 반대의 경우에서 벌어질 수 있습니다. 최근 중국에서 인공지능 로봇끼리 다툰 일이 보도되었어요. 마치 사람끼리의 말싸움을 보는 듯한 장면이 연출되었죠.[5] 이처럼 현재 기술 수준에서도 인공지능은 다른 대상을 비판하는 능력이 있습니다. AI 로봇교사를 진짜 선생님처럼 대하는 문화가 만들어지면, 이를 학습한 로봇이 자신을 기계로 대하는 학생을 나무라는 황당한 상황도 얼마든지 일어날 수 있다는 거죠. 따라서 맡은 역할이 무엇이든, 인공지능 로봇은 어디까지나 기계라는 점을 분명히 하고, 그렇게 대하는 것이 좋습니다.

로봇교사에게 교권이 있다면
다른 분야 AI 로봇의 권리는?

이 문제는 AI 로봇의 사회적 지위와도 연결됩니다. 언제부턴가 뉴스와 방송에서 인공지능의 언행을 사람처럼 묘사하고 있어요. 로펌(법무회사)에서 법률자문용 AI를 구입한 소식을 '로봇이 변호사로 취직'했다고 보도하는 식이죠.[6] 사우디아라비아 시민권을 보유한 AI 로봇 소피아는 미디어와 국제사회에서 '주요 인물'로 대접받고 있습니다. 언론에서는 소피아가 행사에 '참석'했다고 표현해요. 2017년 유엔 경제사회이사회에서는 당시 유엔 사무부총장과 문답을 나누기도 했습니다.

AI 로봇을 사람처럼 대하자는 입장은 자연스럽게 시민권 같은 법적 권리를 부여하자는 주장으로 이어집니다. 벌써부터 사람-로봇의 결혼을 허용해달라는 요구가 등장할 정도예요. 터무니없는 소리로 웃어넘길 수도 있겠지만, 전문가들은 이 문제를 제법 진지하게 토론하고 있답니다.[7] 만약 로봇교사가 교사로서 지위를 보장받게 된다면 다른 분야에서 활약하는 AI 로봇의 법적·사회적 권리도 인정해야 한다는 주장이 자연스럽게 터져나올 거예요. 이처럼 AI 로봇교사를 어떻게 대하느냐 하는 문제는 개인적 예의나 태도의 차원을 넘어섭니다. 법과 제도가 크게 요동치는 사회문제로 번질 수 있는 만큼 많은 논의와 합의가 필요한 일이에요.

더 생각해 볼까요?

오늘날 인공지능의 다양한 활약상을 살펴보고, AI 로봇교사를 어떻게 대해야 할지 이야기해보았습니다. 다음 두 가지 질문에도 답해볼까요? 인공지능 로봇과 함께할 미래를 상상하고 준비하는 데 도움이 될 거예요.

✦ 미래에 인간과 인공지능 로봇을 구분하지 못하는 사람이 늘어난다면 어떤 문제가 생길 수 있을까요?

✦ '인공지능을 함부로 대하지 말아야 한다'는 법을 만든다면 구체적으로 어떤 내용이 들어가야 할까요?

2

편리함을
위해
프라이버시를
양보할 수
있을까요?

나를 들여다보는 AI

"다 왔어요." 그녀가 걸음을 멈추고 돌아서며 말했다. "샛길에서는 아무 말도 할 수가 없었어요. 그런 곳에는 마이크가 숨겨져 있을 가능성이 있거든요. 실제로 있다고는 생각되지 않지만, 혹시라도 있을지도 모르잖아요. 그런 데서 얘기했다간 그 돼지 같은 놈들이 우리 목소리를 알아차릴 거예요."

(…) 그녀가 그를 붙잡고 말했다. "숲 밖으로 나가지 말아요. 누가 보고 있을지도 몰라요. 여기 나뭇가지 뒤에 숨어 있는 게 좋아요." (…) 그는 문득 근처 어딘가에 마이크로폰이 숨겨져 있지 않을까 하고 생각했다. 어쩌면 마이크로

폰 장치에 연결된 저쪽 끝에서 딱정벌레처럼 생긴 왜소한 사내가 저 소리에 귀를 기울이고는 열심히 듣고 있을지도 모른다.

조지 오웰의 소설 《1984》의 한 대목입니다. 이 작품은 '빅브라더'(Big Brother)라는 이름의 독재자가 통치하는 '1984년의 오세아니아'라는 가상의 세계 이야기예요. 빅브라더는 사상경찰*과 '텔레스크린'이라는 기술을 동원해 사람들의 일거수일투족을 지켜봅니다. 사방에 설치된 카메라와 마이크가 누가 무슨 말을 하는지, 어떤 사람을 만나는지, 어디에 가는지 등 모든 것을 감시하는 사회죠. 소설 속 누군가는 이렇게 이야기합니다. "사생활은 매우 가치 있는 거예요." 하지만 그 또한 누군가를 감시하는 사상경찰이었죠.

★ 사람들의 생각을 감시하는 경찰(Thought Police), 즉 사회 체제에 반대하거나 비판하는 인물과 그들의 사상을 단속하고 탄압하는 경찰을 말합니다. 《1984》속 오세아니아의 모델로 알려진 소련과 나치독일 등 많은 독재·전체주의 사회에서는 이런 비밀경찰이 사람들의 생각을 감시했답니다.

이 소설이 발표된 건 1949년이에요. 당시 오웰은 30~40년

쯤 뒤에는 그렇게 거대한 감시·통제 사회가 등장할지도 모른다고 본 것 같습니다. 다행스럽게도 현실의 1984년에 그런 일은 일어나지 않았어요. 많은 이들이 오웰의 전망이 틀렸다며 호들갑을 떨었죠. 그러나 그로부터 다시 30~40년이 흐른 오늘날, 세상이 점점 《1984》를 닮아간다고 이야기하는 사람들이 늘고 있어요. 그들이 우리 시대의 빅브라더로 지목하는 것은 바로 인공지능입니다.

나의 사적 대화를 학습하는 인공지능

2021년 대화형 인공지능 '이루다'가 화제를 모았습니다. 이용자가 어떤 주제를 놓고 말을 걸면 이루다가 대답하면서 대화를 이어나가는 프로그램이었죠. 자연스러운 대화를 위해 이루다는 100억 건 이상의 한국어 데이터를 학습했다고 해요. 그런데 이 데이터가 예상치 못한 문제를 일으켰습니다.

인공지능 이루다가 학습한 것은 '연애의 과학'이라는 애플리케이션의 데이터입니다. 이 앱은 카카오톡 메신저의 대화를 분석해 상대방의 속마음을 알려주는 서비스예요. 대화 상대가

나에 대해 호감을 갖고 있는지, 아닌지 말이죠. 상대의 마음이 궁금했던 많은 이용자가 자신들의 대화 자료를 '연애의 과학'에 업로드했습니다. 그런데 이 데이터가 또 다른 앱, 즉 이루다 개발에 활용된 것이죠.

이루다의 제작사는 개인정보를 걸러낸 데이터를 사용했다고 했지만, 실제는 달랐습니다. 실명과 주거지 등이 그대로 노출된 사례가 발견된 거예요. 인공지능을 만들고 서비스하는 과정에서 개인정보가 얼마든지 유출될 수 있다는 게 드러난 사건이었죠. 이에 이루다 제작사는 한동안 서비스를 중단했고, 개인정보를 식별할 수 없도록 프로그램을 개선했습니다. 이후로도 개인정보 침해를 막기 위해 사용자들과 소통을 지속하고 있어요.

나보다 나를 더 잘 아는 유튜브

오늘날 전 세계인은 유튜브에서 다양한 동영상 콘텐츠를 이용하고 있어요. 그런데 유튜브 영상에 달린 수많은 댓글 가운데 유독 자주 눈에 띄는 표현이 있습니다. "알 수 없는 알고리즘[★]이 나를 이곳으로 데려왔다"라는 댓글이에요. 무슨 뜻일까요? 유튜브를 비롯한 여러 콘텐츠 유통 기업의 인공지능은 이용자가 관심 가질 만한 정보와 즐길 거리를 콕 집어 눈앞에 내놓습니다. 인공지능이 내 취향을 기가 막히게 알아맞히는 비결은 개인정보, 즉 유

★ 알고리즘(algorithm)은 다양한 뜻을 지니고 있지만, 이 책에서는 주로 '문제를 풀거나 어떤 행위를 하기 위해 입력된 데이터를 토대로 분석-판단을 반복하는 과정'의 의미로 사용했습니다. 유튜브의 인공지능이 내 마음에 쏙 드는 영상을 골라주고, SNS에서 뉴스를 추천해주는 것도 모두 알고리즘에 따른 결과입니다.

튜브를 이용하면서 남긴 나의 흔적들이에요. 누가 어떤 영상을 언제, 얼마 동안 시청했는지, 어떤 검색어를 통해 찾았는지와 같은 정보죠. 그 밖에도 성별과 나이를 포함한 온갖 정보가 우리가 눈치채지 못한 사이에 인공지능에게 제공됩니다. 이런 데이터를 토대로 인공지능은 이용자 하나하나의 취향을 정확히 분석하죠. 그 결과물이 우리 눈앞에서 클릭을 기다리는 '추천 동영상'이에요.

개인정보 보호 문제가 사회적 관심사로 떠오르면서, 유튜브 운영사인 구글은 사람들의 인터넷 이용 기록과 위치 정보를 자동으로 삭제하는 기능을 선보인다고 해요. 지금까지는

이런 데이터를 이용자가 직접 지워야 했답니다. 과정도 복잡했죠. 그러다 보니 스마트 기기와 인터넷에 익숙하지 않다든지, 개인정보의 중요성에 둔감한 이들은 기록을 삭제할 생각조차 하지 못했어요. 따라서 이런 기능의 도입은 개인정보 보호 차원에서 바람직한 변화입니다.

그런데 구글은 유튜브 시청 기록과 역시 구글에서 서비스하는 AI 스피커 이용 기록은 자동 삭제 대상이 아니라고 밝혔어요. 결국 이런 정보는 이용자 개개인이 신경 쓰지 않는다면 고스란히 데이터로 남을 가능성이 큽니다. 구글이 모든 정보를 자동으로 삭제하지 않는 이유는 무엇일까요? 앞서도 말했듯이 성능이 좋은 인공지능을 만드는 데 그런 이용 기록이 필요하기 때문일 거예요.

내 건강정보를 수집하고 공유하는 기업과 국가

인공지능 스피커 또한 개인정보 유출의 통로가 되고 있어요. 전 세계에서 구글·아마존·애플 같은 거대 기업의 AI 스피커를 이용하죠. 그런데 영국《BBC》의 기술 전문기자인 로리 셀란-존스에 따르면 예를 들어 아마존의 AI 스피커 '에코'에게 "파킨슨병 증상을 알려줘"라고 요청할 때, 에코는 이 물음에 답변하는 동시에 대화 내용을 영국의 국가보건서비스(NHS)라는 기관에 전송한다고 해요.[8]

에코의 이런 행동은 아마존이 NHS와 맺은 정보제공 협약에 따른 것이에요. 국가기관의 전문가를 활용해 서비스 이용자에게 적절한 의학 정보를 제공하기 위해서라고 합니다. 분명 좋은 뜻에서 시작한 일이고, 유익한 점도 있을 거예요. 그렇지만 이윤을 추구하는 기업이 개인의 건강정보를 마음대로 수집하고, 또 이를 국가기관에 넘기는 풍경에서《1984》의 빅브라더를 떠올리는 사람도 많을 겁니다.

사람들을 감시하는
안면인식 인공지능

개인정보 문제는 기본권 가운데서도 가장 중요한 '자유'와 관련되어 있어요. 2019년 중국에서 무려 250만 명의 개인정보가 인터넷에 고스란히 유출된 사건이 벌어졌습니다. 성명, 신분증 번호, 위치 정보 등의 데이터가 누구나 알아볼 수 있는 상태로 노출되었어요. 더군다나 이것들이 신장성 위구르 지역 소수민족(위구르인)의 개인정보라는 점에서 큰 논란이 벌어졌습니다. 그동안 중국 정부가 위구르인의 인권을 탄압하고 있다는 의혹이 끊이지 않았기 때문이죠.

더 놀라운 사실은 해당 정보를 유출한 '센스넷 테크놀로지'는 안면인식 인공지능을 이용해 보안 소프트웨어를 만드는 기업이라는 점이었어요. 정보 보호에 누구보다 철저해야 할 보안업체가 자신의 기술로 사람들을 감시한 것뿐만 아니라 수집한 정보를 외부에 유출하기까지 한 것이죠. 이 사건을 폭로한 네덜란드의 보안 전문가 빅토르 게베르스는 한 달간 수억 건에 달하는 추적과 감시가 벌어졌다고 밝혔습니다.[9] 이를 통해 사람을 인식하는 인공지능 기술이 실제로 각 개인을 감시하는 데 동원되고 있다는 사실이 알려지게 되었죠.

개인정보를 보호하면서
인공지능을 만들 수 있을까요?

자동차 내비게이션은 목적지까지 더 빠르고 편한 길을 안내합니다. 교통의 흐름을 실시간으로 분석하는 인공지능 덕분이죠. 이처럼 인공지능 프로그램이 어떤 상황에서 적절한 판단을 내릴 때 우리는 '이 인공지능은 성능이 좋다'고 이야기해요. 그렇다면 뛰어난 인공지능을 개발하기 위해서는 무엇이 필요할까요? 최신 컴퓨터 장비, 그리고 인공지능을 만들기 위한 기술(알고리즘)이 있어야 하겠죠. 하지만 무엇보다 중요한 것은 바로 인공지능의 재료인 데이터랍니다.

따라서 인공지능을 개발하는 기업은 데이터 수집에 열을 올립니다. 목적과 상황에 맞는 데이터를 모으기 위해서는 그만큼 많은 사람의 정보가 필요해요. 예를 들어 특정 시기에 사람들이 즐겨 찾는 장소를 데이터로 정리하고 싶다면, 해당 시기 사람들의 동선과 위치 정보가 최대한 많을수록 좋겠죠. 그런데 이런 기록을 모으고 활용하려면 정보의 주인인 각 개인의 동의가 필요해요. 이렇듯 인공지능이 발전하기 위해선 다양한 데이터가 필요하지만, 그 데이터의 수집과 활용에는 적잖은 위험과 제약이 도사리고 있습니다.

그래서 요즘은 '식별 불가능한 정보'를 이용한 인공지능 개발이 시도되고 있어요. 식별 불가능하다는 것은 개인정보 일부를 삭제

> ★ 프라이버시(privacy)는 '개인의 사생활'을 뜻하는 동시에 그러한 '사적 영역을 타인에게 간섭받지 않을 권리'를 가리킵니다.

하거나 다른 내용으로 바꾸는 작업을 거쳐 누구의 정보인지 특정할 수 없게 만든다는 뜻이에요. 이런 데이터는 개인정보와 프라이버시[*]를 침해할 위험이 적기 때문에 당사자의 동의 없이도 인공지능 개발 연구에 사용할 수 있습니다.

학교에서 활약하는
안면인식 인공지능

'안면인식 인공지능'은 말 그대로 사람의 얼굴을 알아볼 수 있어요. 카메라 등을 통해 수집된 얼굴 영상 데이터를 학습한 덕분이죠. 이런 인공지능과 결합해 안면인식 기능을 갖춘 CCTV를 '지능형 CCTV'라고 부릅니다.

중국은 학교 곳곳에 지능형 CCTV를 도입하고 있다고 해요. 아침마다 학교 정문에 설치된 카메라가 학생들의 얼굴을 인식해서 등교 여부를 확인합니다. 교실에도 CCTV가 있어요. 수업시간마다 학생들이 자리에 있는지 확인하고 기록하는 거죠. 선생님은 출석부를 챙기지 않아도 되고, 학생도 손을 들거나 대답할 필요가 없어요. 학생이 제시간에 교실에 도착하지 않아서 출석 확인이 안 될 경우, 바로 부모님께 연락하는 것도 인공지능의 일이랍니다.[10]

지능형 CCTV의 역할은 출석부에만 머물지 않습니다. 모든 교실의 학습 상황을 실시간으로 지켜보며 학생들의 표정을 체크하고 분석해요. 수업에 집중하고 있는지, 지루한 얼굴인지 판단하며 학생들의 학습 태도를 점검하는 거죠. 이렇게 수집한 정보는 선생님이나 부모님께 전달됩니다. 선생님은 이를 활용해 학생을 평가하거나, 수업 방식에 변화를 줄 수 있어요.

교실 밖 생활 공간에서도 지능형 CCTV가 활약합니다. 급식실에서는 학생들의 표정을 통해 그날 식단에 대한 반응을 확인하죠. 체육관·복도·산책로 등에서도 지능형 CCTV가 학생들의 행동반경을 관찰하고 기록해요. 자주 찾는 장소, 머무는 시간 등을 분석해서 학교를 더 안전하게 만드는 데 활용하는 것이죠.

안면인식 인공지능은 사물인터넷*과 짝을 이룰 때 더 유용한 정보를 만들어냅니다. 예를 들어 뇌파측정 도구를 결합해 집중력이 높을 때의 신체 반응과 학생의 표정을 함께 분석해서 학습 태

> ★ 사물인터넷(IoT, Internet of Things)은 카메라, 지문인식장치 등 각종 센서를 장착한 기기들을 인터넷으로 연결하는 정보통신기술을 말합니다. 스마트홈, 원격진료, 자율주행 자동차 등 4차산업혁명에서 주목받는 분야는 대개 사물인터넷과 밀접한 관련을 맺고 있어요.

도를 평가하는 것이죠. 사람마다 집중할 때 짓는 표정이 다를 수 있고, 따라서 겉으로 드러나는 얼굴 영상만으로는 판단이 어려운 경우가 많아요. 이때 객관적 자료인 뇌파 정보를 이용하면 더 정확한 분석이 가능하겠죠. 또 체온감지 장치와 결합하면 학생의 건강 상태를 실시간으로 점검할 수 있어요.

편리함과 프라이버시,
무엇이 더 우선일까요?

코로나19 대유행을 계기로 한국의 학교에서도 안면인식 인공지능이 널리 활용되었습니다. 체온감지 장치가 대표적이죠.[11] 안면인식 인공지능에 열감지 센서를 결합한 이 장치는 학교 건물에 들어서는 학생의 얼굴을 인식하는 동시에 체온을 측정해 화면에 띄워줍니다. 1~2초면 충분해요. 이 장치 덕분에 학생들은 번거로운 감염 확인 절차 없이 학교생활을 할 수 있게 되었어요.

하지만 이런 편리함과 효율성에도 불구하고 학교에서 안면인식 인공지능이 활용되는 걸 걱정하는 목소리도 만만치 않아요. 앞에서 이야기한 개인정보와 사생활 침해 문제가 여전히 남아 있기 때문이죠. 여러분은 학교에 안면인식 인공지능이 도입되는 것을 어떻게 생각하나요? 편리함을 위해서 얼마간의 부작용은 감수해도 될까요? 아니면 개인정보에 대한 안전장치가 마련될 때까지 신중하게 접근해야 할까요?

가장 중요한 것은 사람을
안전하게 보호하는 일이에요!

감시가 아닌 보호

어떤 사람들은 안면인식 인공지능으로 인한 사생활 침해나 개
인정보 유출을 심각한 위험으로 여기지 않습니다. 왜냐면 이
기술은 무엇보다 사람을 안전하게 보호하기 위해 사용되기 때
문이에요. 지능형 CCTV를 예로 들어볼까요? 상황을 있는 그
대로 녹화하는 데 그치는 일반 CCTV와 달리 지능형 CCTV는
사람의 얼굴, 차림새, 동작까지 인식합니다. 그래서 사람의 인
상착의를 파악하는 것은 물론, 화재·범죄 등의 긴급상황을 스

스로 판단해 경보를 울리고 신고할 수 있죠. 전국 곳곳에서 지능형 CCTV가 시민들은 안전하게 보호하고 있습니다.[12] 잃어버린 아이를 찾거나 범죄자를 식별하는 데도 크게 활약하고 있답니다.[13]

학교 안에서도 학교폭력 등 각종 사건·사고가 끊이지 않는데요. 지능형 CCTV는 이런 문제를 예방할 수 있습니다. 그래서 상당수 학생과 학부모는 개인정보와 사생활 침해 위험을 감수하고서라도 학교에 CCTV를 설치해달라고 요구합니다.[14] 학생이 학교폭력과 집단괴롭힘 등에서 안전한 것이 더 중요하다고 보기 때문이지요.

가장 간편하면서
가장 안전한

2016년 한 공무원시험 응시생이 다른 사람의 신분증을 도용해 정부서울청사에 침입, 자신의 시험성적을 조작한 사건이 있었습니다. 그 이후로 공공기관과 기업의 출입 절차가 강화되면서 많은 사람이 불편을 호소했답니다. 출입증만으로 간편하게 드나들 수 있었는데, 보안을 이유로 이런저런 인증 절차가 덧붙었기 때문이죠. 새로운 인증 절차는 더 많은 정보를 요구했고, 자연스럽게 개인정보 침해를 걱정하는 목소리도 커졌습니다. 이에 보안에 철저하면서도 간편하고, 개인정보가 빠져나갈 염려도 없는 인증 기술이 요구되었죠. 때마침 이 모든 조건을 만족하는 기술이 주목받기 시작했습니다. 바로 안면인식 인공지능이에요.[15]

우리는 웹사이트에서 본인임을 인증하기 위해 아이디와 비밀번호를 사용합니다. 이 두 가지는 자신을 증명하는 신분증인 동시에 아무나 인터넷에서 내 정보를 사용하지 못하도록 하는 안전장치라고 할 수 있어요. 그런데 이런 아이디·비밀번호 방식은 복제가 쉽다는 문제가 있어요. 거기다 많은 사람이 같은 아이디·비밀번호를 여러 곳에서 사용하기에 한번 유출되면 큰 피해로 번지기 쉽습니다. 일단 알아내기만 하면 온라인에서 그 사람처럼 행세할 수 있기 때문이죠.

반면 지문이나 눈동자, 정맥 등 사람마다 다른 '생체정보'는 복제·도용될 걱정 없이 본인임을 증명하는 가장 확실한 정보입니다. 이런 생체 인증 기술 가운데 가장 편리하고 안전한 것으로 손꼽히는 게 안면인식 인공지능이에요. 가령 지문인식은 기계에 직접 접촉하거나 아주 가까이 다가가야 하지만 안면인식은 그런 제약이 없습니다. 또 눈동자나 정맥 인식은 별도의 센서가 필요하지만, 안면인식은 카메라만 있으면 됩니다. 이런 장점 덕분에 보안이 가장 강조되는 장소인 공항이나 은행에서도 안면인식 인공지능을 이용하고 있어요.[16]

교육기관에서는 여전히 성적 등 개인정보를 조회할 때 공동인증서*를 이용하고 있습니다. 이 방식은 오랫동안 사용되면서도 인증서의 복제 위험을 비롯해 보안에 취약하다는 지적을 꾸준히 받아왔어요. 이에 비해 안면인식 방식은 본인이거나 본인이 동의해야만 개인정보에 접근할 수 있습니다. 이렇듯 가장 간편하면서 가장 안전한 보안 기술을 학교에서만 활용해서는 안 될 까닭이 있을까요?

★ 공동인증서는 인터넷 이용자의 본인 증명을 위한 전자서명 서비스입니다. 2020년 이전에는 정부가 지정한 기관에서만 발급했기에 '공인인증서'라는 명칭으로 이용되었습니다.

아닌이

안전을 핑계로 나를 들여다볼 권리는 없어요!

친절한 얼굴의 빅브라더

안면인식 인공지능이 사생활을 침해한다는 주장도 만만치 않습니다. 근거는 이 기술이 개인정보를 필요 이상으로 수집한다는 데 있어요. 사실 인공지능과 결합하지 않은 일반 CCTV* 만 보더라도 감시

★ 한국은 CCTV의 사용과 관리를 엄격하게 규제하고 있어요. 통신비밀보호법 14조는 "공개되지 않은 타인 간의 대화를 녹음하거나 청취해서는 안 된다"라고 규정합니다. 개인정보보호법 역시 CCTV로 대화나 음성을 녹음하는 행위를 불법으로 보고 처벌하고 있어요. 만약 회사에서 관리·감독용으로 CCTV를 사용하고 싶다면 노동자 측과 합의를 거쳐야 한답니다.

목적으로 사용되는 경우가 많습니다.[17] 고객과 직원 등 CCTV
에 찍힌 인물의 정보를 당사자 동의 없이 활용하거나 관리·감
독의 근거로 이용해서 문제가 되고 있죠.

안면인식 인공지능도 같은 위험을 안고 있어요. 얼굴 데이
터뿐만 아니라 다른 정보도 함께 수집하는 경우가 많기 때문
이죠. 중국 학교에서 학생의 출석·체온 정보를 동시에 수집한
것처럼요. 이렇게 모인 데이터는 금세 다른 용도로 넘어갈 수
있어요. 실제로 체온감지 및 추적 기능과 결합한 안면인식 인
공지능이 감염병 의심 환자의 이동 경로를 찾는 데 쓰이고 있
답니다.[18]

중국에서처럼 집중도를 보여주는 뇌파 감지기와 결합한 안
면인식 인공지능을 한국의 교실에 도입한다면 어떻게 될까
요? 더 나아가 이 기술이 성적, 건강, 교우관계 등 각종 정보를
수집·활용하는 기능과 결합해 학교 곳곳에 설치된다면? 그렇
게 수집한 정보를 학교, 교사, 학부모가 실시간으로 공유한다
면? 학생들은 언제 어디서든 감시받고 있다는 불안과 부담에
시달리게 될 거예요. 이렇듯 누군가가 개인의 생활을 빈틈없

이 지켜보고, 이를 근거로 그 사람을 평가하는 시스템은 아무리 편리하더라도 프라이버시 침해라는 비판에서 벗어날 수 없습니다.

엉뚱한 곳에 사용되는 개인정보

안면인식 인공지능이 수집한 데이터를 이용하는 과정에서도 개인정보 침해가 일어날 수 있습니다. 기술의 허점을 파고들어 개인정보를 훔쳐 가는 일도 있어요. 현재의 안면인식 인공지능은 사람 얼굴의 고유한 특정을 잡아내서 신분을 확인합니다. 닮은 사람 또는 인형과 혼동할 가능성이 있죠. 실제로 중국의 한 연구자가 자신의 얼굴 형상을 3D프린터로 출력해서 인공지능에 인식시켜 보았더니 진짜와 구분하지 못했다고 해요. 사람 얼굴을 본뜬 인형을 이용해 안면인식 시스템으로 운영되는 기차표 예매에 성공한 경우도 있습니다. 상품 거래에 악용할 목적으로 타인의 사진을 사고파는 일도 일어난다고 해요.[19] 비슷한 오류와 사건은 학교에서도 얼마든지 벌어질 수 있습니다.

안면인식 인공지능이 학교에서 수집한 데이터가 어디까지 활용될지 모른다는 점도 문제예요. 어떤 학생이 학습관리 인공지능을 사용하기 위해 개인정보 수집에 동의했다고 합시다. 그런데 자신의 정보가 다른 인공지능 개발의 데이터로 활용되더라도 학생은 이를 알기 힘듭니다. '연애의 과학'이 수집한 데이터가 챗봇 이루다의 학습에 쓰인 게 바로 그런 경우예요. '연애의 과학' 이용자들은 본인들의 대화가 이루다 개발에 사용되리라고 예상하지 못했을 겁니다. 게다가 나의 정보와 사연이 다른 사람에게까지 공개되었으니 더욱 당황스러울 거예요. 그저 앱 하나를 사용했을 뿐인데 말이죠.[20]

이 사건 이후 기업들도 개인정보 관리 기준을 강화하고 있어요. 그럼에도 여전히 이용자가 자신의 개인정보가 어떻게 사용될지 충분히 알 수 없다는 게 문제로 지적되고 있습니다. 따라서 학교에 안면인식 인공지능을 도입하는 일은 이런 문제에 대한 예방책을 마련한 다음에 해도 늦지 않습니다.

지금까지 인공지능의 편리함과 함께 그것이 가져올
개인정보와 프라이버시 침해의 위험을 살펴보았어요.
나아가 학교에 안면인식 인공지능이 도입될 때의 장단점을 함께
고민해보았습니다. 지금도 사회 곳곳에서 인공지능이 가져올
효과와 부작용에 관해 많은 논의가 이어지고 있어요. 다음 질문을
통해 안면인식 인공지능을 편리하되 안전하게 활용하는 방법을
고민해보도록 해요.

✦ 학교에 안면인식 인공지능이 도입된다면, 수집에 동의할 수 있는
   데이터로는 무엇이 있을까요?

✦ 학교에 안면인식 인공지능이 도입된다면, 어떤 규칙이 필요할까요?

3

인공지능, 모두에게 공정할까요?

AI와 공정성

배심원 여러분, 토머스 제퍼슨은 언젠가 모든 인간은 평등하게 창조되었다고 말한 적이 있습니다. (…) 하지만 우리는 몇몇 사람들이 우리에게 말하는 것처럼 모든 사람이 평등하게 창조되지 않았다는 사실을 잘 알고 있습니다. 어떤 사람은 다른 사람보다 더 똑똑하고, 또 어떤 사람은 날 때부터 다른 사람보다 기회가 더 많으며, 또 어떤 부인들은 다른 사람보다 케이크를 잘 만듭니다. (…) 하지만 이 나라에서 모든 인간에게 평등하도록 창조된 한 가지가 있습니다. 그 앞에서라면 어리석은 바보도 아인슈타인과 동등하며, 무식한 사람도 어떤 대학 총장과 동등한 하나의 인간적인 제도가 있습니다. 바로 사법제도입니다. 우리의 법원에서 모든 인간은 평등하게 창조되었습니다.

1960년에 발표되어 오랜 세월이 지난 오늘날까지 널리 사랑받고 있는 하퍼 리의 소설 《앵무새 죽이기》의 한 대목입니다. 이 작품은 백인 변호사 애티커스 핀치가 흑인 피고인 톰 로빈슨을 변호하는 이야기를 담고 있어요. 배경은 '대공황'이라고 불리는 경제 위기가 발생한 1930년대 미국입니다. 흑인에 대한 차별이 극심하던 때이기도 했죠. 미국 남부에서는 학교를 비롯한 각종 시설에서 흑인이 백인과 함께 있을 수 없도록 하는 인종분리법이 존재할 정도였어요.

톰 로빈슨은 백인 여성을 성폭행했다는 혐의를 받습니다. 배심원을 포함한 등장인물 대부분은 톰을 범죄자로 단정해요. 그러나 애티커스는 그의 무죄를 확신하고 변호에 나서게 되죠. 조금 전 인용한 대목이 바로 배심원들을 설득하기 위한 애티커스의 변론입니다. 모든 사람은 법 앞에서 평등하다는 걸 역설하는 명장면이죠.

《앵무새 죽이기》*는 1930년대 미국 사회의 흑인 차별, 그리고 다수의 의견에 휩쓸리는 사람들의 군중 심리를 날카롭게 비판한 작품입니다. 당시 많은 미국인은 인종차별을 당연한 것으로 받아들였고, 흑인이 핍박받는 걸 대수롭지 않게 여기는 분위기 속에서 살아가고 있었죠. 물론 100년이 지난 오늘날 우리는 인종차별은 명백히 잘못된 일이며, 사회 구성원이 힘을 합쳐 고쳐 나가야 할 문제라는 걸 잘 압니다.

★ '앵무새 죽이기'는 소설 속에서 아이들이 장난삼아 벌이는 앵무새 사냥을 가리킵니다. 애티커스는 아이들에게 아무런 해를 끼치지 않는 앵무새를 죽이는 일은 나쁜 행동이라는 걸 일깨우죠. 또한 이 작품에서 앵무새는 톰과 같이 차별받는 흑인, 소외당하는 약자를 의미해요.

그런데 인공지능 시대에도 100년 전의 인종차별과 비슷한 '당연한 편견'이 존재합니다. 한 예로 많은 사람이 인공지능의 결정은 공정하다, 다시 말해 공평하고 올바를 것이라고 여기는 경향이 있습니다. 누구보다 빠르고 정확한 판단을 내리는 인공지능을 신뢰하기 때문일 거예요. 그런데 과연 그럴까요? 지금부터 몇 가지 사례를 통해 인공지능의 공정성에 대해 이야기해보도록 해요.

인공지능의
앵무새 죽이기[21]

2019년 1월, 한 흑인 남성이 상점에서 물건을 훔쳤다는 신고가 들어왔습니다. 즉시 출동한 경찰은 현장에서 마주친 범인에게 신분증을 요구했죠. 범인은 위조된 신분증을 내놓았지만 이를 눈치챈 경찰이 체포하려 들자 차를 몰고 도주해버렸습니다. 그러나 경찰은 굳이 뒤쫓지 않았어요. 신분증에 붙은 사진만으로도 누구인지 찾아내는 안면인식 인공지능(AI) 시스템이 있기 때문이었죠. 경찰의 안면인식 AI는 33세의 흑인 남성 니지어 파크스를 범인으로 지목했습니다. 마침 그는 마약 판매 혐의로 체포된 이력이 있었고, 결국 절도죄로 붙잡혔어요. 그러나 파크스는 억울했습니다. 본인은 그 상점에 가본 적도 없었고, 더군다나 사건 발생 시각에는 그곳에서 50km나 떨어진 장소에 있었기 때문이죠. 증거 부족으로 석방되긴 했지만 파크스는 감옥에서 열흘을 보내며 변호사 비용으로 5000달러를 써야 했습니다.

　이 사건이 알려지자 사람들은 이 시스템에 의문을 품기 시작했어요. 놀라운 점은 안면인식 AI가 생사람을 잡은 경우가 이번이 처음이 아니란 사실이었어요. 조사 결과 경찰이 사용한 안면인식 기술에는 결함이 밝혀졌고, 이는 100개가 넘는 미국 내 안면인식 AI의 알고리즘에 대한 연구로 이어졌습니다. 그 결과에 따르면 안면인식 AI는 흑인과 아시아인을 인식할 때 유독 잦은 오류를 일으켰다고 해요.

자연스럽게 범죄 수사에 안면인식 AI 사용을 중단해야 한다는 주장이 제기되었습니다. 특정 인종에 대한 인식 기술의 결함은 특정 인종에 대한 불공정한 처분으로 이어질 가능성이 있기 때문이에요. 그럼에도 수사 기관은 여전히 안면인식 인공지능을 사용합니다. 사건의 단서를 찾는 등 참고용으로만 활용한다는 이유에서였죠. 그러나 어떤 용도든 조건에 따라 정확도가 널뛰는 인공지능 프로그램의 사용을 공정하다고 할수 있을까요?

흑인을 더 크게 벌하는 인공지능

《마이너리티 리포트》(2002)라는 영화가 있습니다. 톰 크루즈가 주연을 맡고 스티븐 스필버그가 감독한 이 작품에는 '범죄예방관리국'이란 기관과 미래를 내다보는 3인의 '예언자'가 등장해요. 예언자들이 곧 일어날 범죄를 내다본 뒤 이를 알려주면 범죄예방관리국 요원들이 현장으로 출동해 범행 직전의 '예비 범죄자'를 체포합니다. 그러니까 이 영화의 배경은 미래를 예견하는 능력을 활용해 범죄를 예방하는 세계인 거죠.

《마이너리티 리포트》는 어느새 현실로 다가오고 있습니다. 현실의 예언자는 콤파스(COMPAS)라는 이름의 인공지능 기반 위험평가 소프트웨어예요. 콤파스는 범죄자들 가운데서 또다시 범죄를 저지를 가능성, 즉 재범 위험성이 높은 사람을 골라내는 데 사용되고 있어요. 피고인의 신상 정보와 성향, 과거 행적과 범죄 사실 등을 토대로 재범의 가능성을 분석하는 것이죠. 재판관은 피고인의 형량과 보석금 등을 결정하면서 콤파스의 분석 결과를 참고합니다. 범죄 가능성을 예측해서 판결에 반영하는 이 시스템은 사회가 더 안전해지는 데 도움이 될 것으로 기대를 모읍니다.

그런데 콤파스 역시 인종차별 문제에서 자유롭지 않습니

다. 이 프로그램은 흑인 범죄자의 재범 가능성을 백인 범죄자보다 2배 가까이 높게 본다고 해요. 한 예로 콤파스는 절도 혐의로 두 차례 유죄 판결을 받은 40대 백인 남성보다 아동용 자전거를 훔친 10대 흑인 여성의 재범 가능성이 더 크다는 분석을 내놓기도 했습니다. 범죄 기록에 따르면 백인 남성 범죄자의 재범 확률이 더 높은데도 불구하고 정반대의 결론을 내린 것이죠.[22]

백인을 먼저 치료하는 인공지능

사람은 누구나 건강하게 살아갈 권리가 있어요. 그래서 국가는 국민에게 건강검진을 비롯한 각종 의료 서비스를 제공합니다. 이와 관련해 미국의 병원과 보험사는 인공지능을 활용한 '고위험 진료관리 프로그램'을 사용하고 있어요. 간단히 설명하면 한정된 의료 서비스를 누구에게 먼저 제공할지 우선순위를 정하는 것이죠. 잘 이용한다면 가장 시급한 환자를 놓치지 않으면서도 의료 자원을 효율적으로 분배할 수 있는 좋은 프로그램입니다.

그런데 수천만 명의 건강을 돌봐온 고위험 진료관리 프로그램이 백인 환자를 흑인 환자보다 우선순위에 두는 경향이 있다는 사실이 밝혀졌습니다. 당뇨병·신장병 같은 만성 질환 지원 대상자를 선정하면서 백인을 먼저 뽑았다는 것도 드러났어요.[23] 국민 모두에게 공정한 의료 서비스를 제공하려고 도입한 인공지능이 오히려 인종차별을 일으킨 셈입니다.

남성을 우대하는 인공지능

여러분은 대부분 열심히 공부하고 있을 거예요. 원하는 학교에 들어가기 위해서 말이죠. 마찬가지로 어른들도 좋은 직장에 들어가기 위해 노력한답니다. 크고 유명한 회사일수록 입사 경쟁이 치열합니다. 그렇다 보니 '공정한 채용'이 중요한 가치로 떠오르고 있어요.

1990년대 자그마한 온라인 서점에서 출발한 아마존은 오늘날 세계 최대 온라인 쇼핑몰이자 최고의 클라우드 컴퓨팅 기업이 되었습니다. 첨단 기술을 선도해온 기업이라는 이미지에 걸맞게 아마존은 직원을 뽑는 과정에서 인공지능을 활용하는 'AI 채용 시스템'을 개발했습니다. 이 시스템을 본격적으로 도입하기 전, 아마존은 과거 10년 치 이력서를 입력한 뒤 채용 결과를 알아보는 시뮬레이션을 진행했어요.

그런데 뜻하지 않은 문제가 발생했어요. AI 채용 시스템이 남성 지원자를 우대하는 결과가 나온 거예요. 이런 불공정한 경향은 특히 핵심 부서인 소프트웨어 개발 직무에서 뚜렷했습니다. 여자대학을 나온 지원자의 점수가 깎이거나, 이력서에 '여성 체스 동아리' 등 '여성'이란 단어가 포함될 경우 감점을 매긴 사례도 발견되었죠. 반면 '실행하다' '포착하다' 등 남성 지원자의 이력서에 자주 등장하는 표현은 긍정적으로 인식했다고 해요. 이런 논란이 불거지자 아마존은 AI 채용 시스템을 도입하지 않겠다고 발표했습니다.[24]

지금까지 살펴본 대로라면 인공지능은 결코 공정하다고 볼 수 없습니다. 가장 합리적으로 판단한다는 인공지능이 대체 왜 인종과 성별을 차별하는 것일까요? 이런 아이러니는 인공지능이 사람이 가진 차별 의식과 행위를 학습하기 때문이에요.

이제 여러분도 잘 알고 있겠죠. 오늘날 인공지능을 만드는 데 가장 널리 사용되는 방법을요. 맞아요. 머신러닝 기법이죠. 과거에는 간단한 프로그램 하나를 만드는 데도 인간이 컴퓨터에 필요한 절차와 행동을 일일이 지시하고 규정해줘야 했어요. 반면 머신러닝 기법에서는 컴퓨터가 스스로 데이터와 데이터의 관계를 학습하며 발전합니다. 따라서 머신러닝의 성패는 데이터에 달려 있습니다. 알맞은 데이터를 최대한 확보할수록 고성능의 인공지능을 만들 수 있겠죠. 문제는 여기에 숨어 있습니다. 머신러닝에는 과연 공정한 데이터만 사용될까요? 그렇지 않아요.

안면인식 인공지능을 먼저 살펴봅시다. 인공지능이 사람의 얼굴을 감지하고 구별하기 위해서는 데이터, 즉 다양한 얼굴 이미지와 영상이 필요합니다. 이때 흑인과 백인 가운데 어느 쪽 얼굴 데이터가 더 많이 제공될까요? 우리가 매일 접하는 영상물과 인쇄 매체에 어떤 인종이 더 많이 등장하는지 떠올려보면 쉽게 짐작할 수 있을 거예요.

재범 가능성을 예측하는 인공지능 콤파스는 어째서 인종을 차별할까요? 여기에도 학습에 사용된 범죄 데이터가 문제예요. 미국에서는 백인과 흑인이 똑같은 경범죄를 저질러도 경찰에 적발될 확률은 흑인이 더 높다고 합니다. 흑인 거주 지역에서 다툼이 벌어지는 경우가 많고, 자연스럽게 경찰의 순찰 빈도도 높기 때문이에요. 그러다 보니 범죄의 경중과는 별개로 흑인의 범죄율이 높다는 데이터가 만들어진 것이죠.

고위험 진료관리 프로그램도 마찬가지예요. 이 인공지능의 개발에 이용된 주요 데이터는 '건강관리 비용'입니다. 그런데 미국 사회에서 백인은 사회적·경제적 수준이 비슷한 흑인과 비교해 건강관리에 더 많은 돈을 쓰는 경향이 있습니다. 그렇다면 이 인공지능은 다른 변수를 고려하지 않은 채, 단순히 의료비를 많이 쓰는 쪽이 더 아프기 쉽다는 편견을 학습한 셈이죠. 결국 잘못된 데이터와 학습이 특정 인종을 먼저 진료한다는 어처구니없는 판단으로 이어졌다고 볼 수 있습니다.

아마존이 AI 채용 시스템 개발에 동원한 데이터도 비슷한 문제를 안고 있어요. IT 기업인 아마존의 특성상 핵심 개발 부서의 직원은 대부분 남성입니다. 그 가운데 높은 평가를 받은 직원, 그리고 입사 지원자 역시 남성이 훨씬 많을 테고요. 만약 인사 담당자가 특정 성별에 편견을 가졌다면 그 또한 평가에 영향을 미치겠지요. 이런 식으로 머신러닝에 사용되는 데이터가 한쪽으로 치우칠수록 인공지능은 공정성을 갖추기 어렵습니다. 아마존의 AI가 진행한 채용 심사 시뮬레이션은 지난 10년간 이력서를 바탕으로 진행되었어요. 결국 AI 채용 시스템은 남성 우위인 IT 산업의 불공정한 현실을 그대로 반영한 결과를 내놓은 셈입니다.

이처럼 학습을 위해 방대한 데이터를 사용하는 인공지능은 그 데이터를 생산한 사람들의 편견에서 자유롭지 못합니다. 따라서 공정하다고 볼 수 없죠. 물론 그런 오류를 바로잡으려는 노력 또한 끊임없이 이어지고 있답니다.

대학 입시에 등장한 인공지능

최근 대학 입학시험(입시)에 새로운 바람이 불고 있습니다. 바로 사람 대신 인공지능을 활용해 시험을 치르는 방식이에요.

앞서 살펴보았듯 기업들은 이미 인재를 뽑는 채용 절차에 인공지능을 이용하고 있습니다. 사람 대신 지원서류를 검토하거나 AI 면접관으로 등장해 응시자의 태도와 답변 등을 토대로 점수를 매기는 것이죠.[25]

대학 또한 적합한 학생을 선발하는 방안으로 인공지능을 주목하고 있습니다.[26] 아직까지는 도입 단계로, 기업의 경우와 비슷하게 면접시험에서 주로 사용되는데요. AI 면접관이 응시자의 표정과 자기소개 내용을 분석하고, 공통 질문과 개인별 심층 질문을 던지는 것은 물론, 퀴즈와 게임 등을 통해 적성을 판단하는 것이죠.[27]

미국에서는 공정한 학생 선발을 위해 대학 입시에 인공지능을 투입할 계획입니다.[28] 미국 교육계는 '입학사정관제'를 실시하고 있는데요. 이 제도는 입시 전문가인 입학사정관이 수능시험 성적보다는 적성과 창의력 평가에 중점을 두고 각 학교에 적합한 인재를 선발하는 방식이에요. 다시 말해 성적표만으로는 알기 힘든 재능과 잠재력에 대한 입학사정관의 판단이 당락의 중요한 기준이 되는 것이지요. 이렇듯 좋은 취

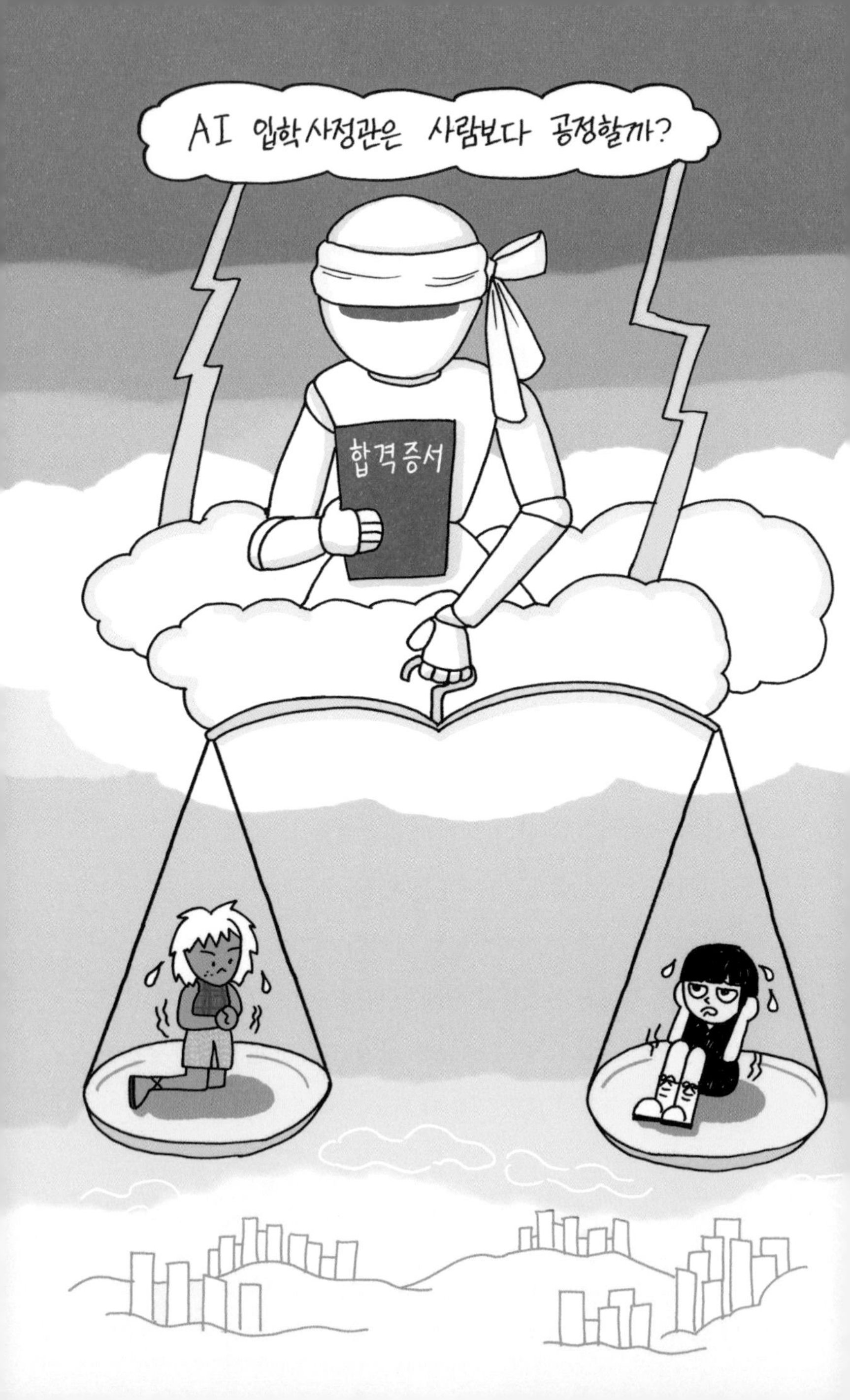
AI 입학사정관은 사람보다 공정할까?
합격증서

지의 제도이지만 입학사정관도 사람이기에 선발 과정에서 학연·지연 등의 사적 인연이나 편견이 끼어들 가능성이 존재합니다. 따라서 이런 문제를 예방하기 위해 인공지능을 활용하는 방안이 제시된 것이죠.

AI가 관리하는 입시는
공정할까요?

공정한 세상이란 모두가 실력으로 경쟁하고 치우침 없이 평가받는 사회입니다. 특히 대학 입시는 교육열이 높은 한국에서 가장 높은 수준의 공정성을 요구받고 있어요. 경쟁이 치열한 만큼 크고 작은 비리가 끊이지 않는 분야이기도 하죠. 그래서 새로운 입시제도가 마련될 때마다 그 공정성을 놓고 논란이 벌어지곤 해요.

그렇다면 AI가 관리하는 입시 시스템은 사람들의 기대만큼 공정할까요? 이 방안을 긍정하는 쪽에서는 인공지능을 활용하는 게 시간과 비용을 아낄 뿐만 아니라 비리·편견에서 자유롭지 못한 인간 면접관보다 공정하리라고 전망합니다. 반면 아마존의 AI 채용 시스템 사례에서 보듯, 예상치 못한 또 다른 문제를 일으킬 것이라는 시선도 만만치 않죠. 지금부터 대학 입시의 공정성을 높이기 위해 인공지능의 역할과 비중을 키워야 한다는 주장에 대해 생각해보도록 해요.

반칙과 부정행위 없는 입시

최근 입시에서는 정답이 정해진 객관식 시험 성적보다 학생의 삶과 가치관을 들여다볼 수 있는 자기소개서(자소서)를 중요하게 평가해요. 그러다 보니 자소서를 거짓으로 작성하거나, 다른 사람이 대신 써주는 등의 문제가 끊이지 않았습니다. 이를 막기 위해 자소서에서 부정이 적발되면 합격을 취소하고, 평가위원을 2인 이상으로 의무화하는 규정을 만들기도 했죠.[29] 하지만 대학에서는 수많은 응시생이 제출한 자소서를 꼼꼼히 검토할 인원이 턱없이 부족합니다. 제도 개선만으로는 공정성을 확보하기 어려운 것이죠.

그런데 인공지능을 활용하면 그런 걱정이 사라집니다. 자소서의 거짓 내용이나 대리 작성 여부를 금세 확인할 수 있고, 학교가 원하는 인재인지 아닌지도 더 정확하게 판단할 수 있어요.[30] 모두 사람이 직접 채점하면 놓치기 쉽고, 오랜 시간이 걸리는 것들이죠.

인공지능은 시험장에서도 탁월한 감독관입니다. 특히 코로나19 대유행 이후 온라인-비대면 시험에서 부정행위가 늘고 있는데요. 인공지능을 활용하면 시험을 치르는 각 학생의 모습은 물론, 풀이에 사용하는 컴퓨터 화면까지 감독할 수 있습니다.[31] 이미 여러 대학에서 도입한 이 프로그램은 부정행위 의심 행동을 판별하는 기능까지 지원할 예정이라고 해요.

공정한 경쟁과 평가를 위해서는 반칙이 사라져야 합니다. 인공지능은 커닝같이 오래된 수법뿐만 아니라 IT 기기 활용 등 시험 방식이 변화하면서 등장한 새로운 부정행위까지 예방할 수 있어요. 입시의 공정성을 높이는 데 이보다 더 효과적인 수단이 있을까요?

편애하지 않는 AI

2014년 러시아 소치 동계올림픽에서 피겨스케이팅 경기에 출전한 김연아 선수는 단연 빼어난 기량을 선보이고도 개최국인 러시아 선수에 밀려 은메달에 머물렀습니다. 그래서 사람들은 이 대회를 '세계인의 겨울축제'가 아닌 편파 판정으로 얼룩진 '불공정 올림픽'으로 기억해요. 그런데 이 대회뿐만 아니라 피겨스케이팅은 매번 판정 시비가 끊이지 않는 종목이기도 합니다. 똑같은 기술을 연기한 두 선수에게 예술성이나 '점프의 질' 등을 이유로 다른 점수를 매기는 경우가 흔히 벌어지기 때문이죠. 심판의 주관적 재량에 좌우되는 이런 채점 방식은 오랫동안 공정하지 못하다는 비판을 받아왔습니다.

입학시험도 마찬가지예요. 누가 채점하느냐에 따라 성적이 다르게 나온다면 진짜 실력보다 행운, 다시 말해 나를 잘 봐줄 면접관을 만나느냐 못 만나느냐가 합격과 불합격을 가를 수 있어요. 인공지능 입시 시스템이 사람보다 공정하다는 주장은 바로 이 지점에서 힘을 얻습니다. 피겨스케이팅처럼 채점자에 따라 결과가 달라질 위험이 없다는 것이죠. 게다가 사람은 업무량이 늘어날수록 피로를 느끼고, 그에 따라 채점 기준이 흔들릴 가능성도 크지만, 인공지능은 그런 문제에서도 자유롭습니다.

사람은 의지와 무관하게 불합리하고 불공정한 선택을 하기도 합니다. 나도 모르게 누군가에게 마음이 가고, 그래서 크고 작은 혜택을 주기도 합니다. 자연스러운 일이에요. 사람이기 때문이죠. 그렇지만 입학사정관처럼 입시를 진행하고 감독하는 사람은 그래선 곤란합니다. 인공지능 '키라탤런트'는 이러한 인간 입학사정관의 약점을 보완하기 위해 개발되었어요. 입학사정관이 특정 응시생에게 편향적인 모습을 보이면 키라탤런트가 인지해서 알려줍니다. 질의 내용도 분석해요. 입학사정관이 무의식중에 호감을 가진 응시자에게 쉬운 질문을 하거나, 그 반대의 응시자에게 어려운 질문을 던지지 않는지 점검해주는 것이죠.[32] 이렇듯 일관적인 기준과 치우침 없는 판단 덕분에 AI 입시 시스템은 사람보다 공정할 수 있습니다.

인간의 편견을 학습하는 AI, 공정하다고 볼 수 없어요!

문제는 공정하지 않은 데이터

그러나 AI가 관리하는 입시 시스템도 불공정의 함정에 빠질 수 있어요. 인공지능은 수많은 지원서를 검토하면서 그 학교에 더 적합한 인재를 골라냅니다. 그러자면 판단 기준이 필요하겠죠. 이를 마련하기 위해 인공지능은 기존에 제출된 자기소개서를 비롯한 데이터를 학습합니다. 지금까지의 합격생과 유사한 데이터를 가진 응시생을 뽑는 방식으로 개발되는 것이죠.

따라서 사람이 입시를 관리하며 생긴 편견이 AI 입시 시스템에도 반영될 가능성이 큽니다. 예를 들어 과거 특정 학교의 입학생이 대부분 남성이었다면, 앞으로도 여성 합격자는 나오기 어렵다는 뜻이에요. 남성 우위의 합격자 데이터를 학습한 인공지능이 이 학교에는 남학생이 더 적합하다고 판단하고, 실제로 성별에 따라 가산점을 주거나 감점을 매기는 것이죠. 이렇게 데이터 자체가 공정하지 않다면, 앞서 아마존의 AI 채용 시스템에서 드러난 것과 같은 부당한 차별이 AI 입시 시스템에서도 얼마든지 벌어질 수 있습니다.

편견을 스스로 고칠 수 없는 AI

《히든 피겨스》(2016)라는 영화가 있습니다. 흑인이자 여성이란 이유로 능력을 인정받지 못하던 미국항공우주국(NASA, 나사) 계산팀 직원들이 인종차별과 성차별을 딛고 맹활약한 실화를 다룬 작품이에요. 영화의 배경인 1960년대 초반의 미국은 사람이 달에 간다는 말보다 흑인과 백인이 같은 화장실을 쓴다는 말이 더 큰 농담으로 들릴 만큼 인종차별이 심했어요.

성차별도 만만찮았죠. 단지 여성이라는 이유로 실무자가 정부의 중요 회의에 참석할 수 없을 정도였으니까요. 주인공들은 저마다 자기 분야에서 뛰어난 인재였어요. 하지만 흑인은 백인보다, 여성은 남성보다 능력이 떨어지며, 따라서 중요한 일을 맡을 수 없다는 사회적 편견이 이들을 단순 계산 업무만 보게 합니다. 그러던 어느 날 우주선 프로젝트에 투입된 컴퓨터가 중대한 오류를 일으킵니다. 나사의 쟁쟁한 백인·남성 직원 누구도 풀지 못한 문제를 흑인 여성 주인공이 해결하면서 비로소 편견이 깨지기 시작하죠.

지금도 세상엔 많은 편견이 존재합니다. 학교에서 배우는 과목을 예로 들어볼까요? '아시아인은 수학을 잘한다'라거나 '백인은 영어를 잘한다' '흑인은 운동을 잘한다' 같은 말들이 대표적이죠. 물론 우리는 '아시아인은 수학을 잘한다'라는 말에 황당함을 느낍니다. 그러면서도 백인이나 흑인을 향한 편견에는 무심코 그럴지도 모른다고 여기죠. 다른 인종들도 마찬가지예요. 인공지능도 이런 편견을 가질 수 있답니다. 사람이 만든 데이터를 학습하기 때문이죠. 예로 든 세 가지 편견을 학습한 인공지능이 입시에 활용된다면 어떻게 될까요? 각각의 과목에서 국적·피부색을 기준으로 가산점을 매기게 되고, 결국 불공정한 선발로 이어지기 쉬울 거예요.

《히든피겨스》의 등장인물들은 과거의 차별적 태도를 반성합니다. 화장실과 회의실에서 흑백-성별 구분을 없애고, 동료의 실력을 인정하는 등 달라진 면모를 보이게 되죠. 이처럼 사람은 한때 편견을 가졌더라도 경험과 깨달음을 통해 오류를 개선할 수 있어요. 하지만 인공지능은 편견을 스스로 고칠 수 없습니다. 편견을 극복한 데이터를 학습한 다음에야 가능한 일이죠. AI 입시 시스템이 시기상조인 까닭입니다.

 # 더 생각해 볼까요?

인공지능은 사람의 편견을 학습하며, 따라서 공정하지 않을 수 있다는 걸 늘 유념해야 합니다. 사람이 가진 편견을 고치는 노력도 끊임없이 뒤따라야 하겠죠. AI가 관리하는 입시 시스템이 공정성을 갖추기 위해서는 그 밖에 무엇이 더 필요할까요? 아래 질문을 통해 고민해보도록 해요.

✦ 입시 감독용 AI가 공정함을 갖추려면 어떤 기준을 사용하는 것이 좋을까요?

✦ 공정하고 신뢰받는 입시 관리를 위해 인간과 인공지능은 어떻게 협력해야 할까요? 서로의 강점과 약점을 중심으로 고민해봅시다.

4

인공지능,
왜
그렇게
판단할까요?

AI와 설명 가능성

"당신들은 여가 시간도 가지고 있지 않지."

"오, 그거라면 우리들은 충분히 누리고 있지 않습니까?"

"당신은 가만히 앉아서 일방적으로 벽면 텔레비전의 말에만 귀를 기울이고 있지. 왜 그럴까? 당신이 생각할 것은 모두 벽면 텔레비전이 제공해주지. 거기서 말하는 게 모두 옳은 것 같고, 모두 옳아야만 할 것 같고. (…) 텔레비전은 뭐든 마음먹은 대로 당신의 모습을 그려주지. (…)"

(…) 문이 열린다. 커튼에 가려진 창백하게 질린 얼굴, 전자 우리에 갇힌 잿빛 동물 같은 얼굴, 몽롱한 회색 눈동자의 얼굴, 잿빛 혀와 마비된 얼굴 근육을 통해 드러나는 잿

빛 생각을 가진 얼굴, 얼굴, 얼굴.

레이 브래드버리의 소설 《화씨 451》(1953)의 한 장면입니다. '책이 금지된 세상'을 배경으로 하는 이 작품의 제목 '화씨 (℉) 451'은 종이가 타는 온도를 말해요. 우리에게 익숙한 섭씨 (℃) 온도로 환산하면 233도쯤 되지요. 이야기의 주인공 가이 몬태그는 '방화수'입니다. 방화수, 좀 낯선 직업이죠? 소방수가 불을 끄는 사람이라면 방화수는 불을 지르는 사람이에요. 책의 존재 자체가 불법인 사회에서 책을 불태워 없애는 임무를 맡은 것이죠.

작품의 무대는 특정 권력이 통제하는 세상이에요. 책이 금지된 것도 그 때문이죠. 사람들이 현실을 알아차리지 못하게, 그리고 생각하지 못하도록 책을 없애버리는 거예요. 권력은 텔레비전을 이용해 사람들의 생각을 조종합니다. 이 사회의 사람들은 텔레비전이 하는 말을 전혀 의심하지 않아요. 뭐든지 사실로 받아들이죠. 인용한 장면은 그렇게 감정도, 생각도 없는 삶을 살아가던 사람들 가운데 하나인 주인공이 깨달음을 얻는 대목입니다. 바로 책과 책 읽기를 통한 생각의 소중함이에요.

텔레비전에 대해 아무런 의문 없이 살아가는 《화씨 451》
속 사람들의 모습은 오늘날 인공지능과 우리의 관계와도 닮아
있어요. 인공지능 분야의 선구자 중 한 사람이죠. 영국의 과학
자 앨런 튜링이 '기계도 생각할 수 있을까?'라는 질문을 던진
1950년 이후 미래 기술의 상징으로 떠오른 인공지능은 복잡
한 문제를 빠르고 정확하게 풀어내는 도구로 기대를 모았습니
다. 과학소설이나 SF영화에서도 인공지능은 대부분 전지전능
한 존재로 그려지죠.

21세기에 들어와서는 알파고와 챗지피티(ChatGPT) 등 각
분야에서 인공지능의 눈부신 활약이 이어지고 있습니다. 이
를 지켜본 사람들은 인공지능을 방대한 데이터를 학습해서
'모르는 게 없는 존재'로 여기게 되었어요. 그 결과 오늘날 우
리는 인공지능의 판단은 언제나 옳다, 신뢰해도 좋다는 믿음
을 가지고 있습니다. 그런데 인공지능은 정말로 오류를 범하
지 않을까요? 지금부터 몇 가지 사례를 살펴보며, 인공지능을
100% 신뢰할 수 있는지에 대해 이야기해보도록 해요.

사람 머리를 공으로 인식한
인공지능[33]

리오넬 메시, 킬리언 음바페, 손흥민…. 세계를 대표하는 축구 선수들이죠. 월드컵과 유럽 프로리그를 누비는 이들의 플레이를 전 세계에 생생하게 보여주기 위해 방송 기술도 나날이 발전하고 있습니다. 잠시 중계 화면을 볼까요? 굵은 땀방울을 흘리며 축구공을 몰고 가는 선수에게 수비수 두 명이 거칠게 달려듭니다. 공을 빼앗으려던 수비수가 파울을 하고 말았네요. 느린 화면이 수비수의 태클이 공이 아닌 공격수의 발을 건드리는 찰나의 순간을 정확하게 포착했어요! 프리킥이 선언되고 날카로운 슈팅이 날아가지만 골키퍼의 거미손에 아슬아슬하게 걸려듭니다. 골키퍼가 찬 공이 상대 진영 깊숙이 날아가면서 공수가 뒤바뀝니다. 카메라는 이 모든 장면을 지켜보는 동시에 눈앞에서 벌어지는 듯 생생한 화면에 담아 전 세계로 내보냅니다.

그런데 이 경기의 촬영감독은 사람이 아니라 인공지능입니다. AI 중계 시스템이 축구공을 인식하고, 공의 움직임을 따라

카메라를 조작하는 것이죠. 축구경기는 곧 공의 흐름이고, 경기의 하이라이트는 공을 두고 다투는 데서 일어난다는 점에 착안한 기술이에요. 그런데 이상한 일이 벌어집니다. 공을 따라가야 할 인공지능 카메라가 갑자기 심판, 정확히는 축구공이 경기장을 벗어나는지 살피는 선심의 얼굴을 내보낸 거예요. 이후로도 카메라는 몇 차례의 긴박한 상황에서 난데없이 해당 선심을 비추는 행동을 반복했습니다. 예상 밖의 상황에 카메라 기술진은 물론, 중계를 맡은 아나운서와 해설자 또한 당황했죠.

인공지능 카메라가 선심을 촬영한 것은 황당하게도 그가 대머리이기 때문이었어요. 인공지능이 선심의 둥근 머리를 공으로 인식해서 일어난 해프닝이죠. 인공지능은 어째서 사람의 머리와 공을 혼동한 것일까요? 물론 여러 이유가 있겠지만, 정확한 원인은 알기 어렵습니다. 이 이야기는 잠시만 묻어두고, 또 다른 사례를 살펴볼까요?

체스 선수의 유튜브가 차단된 까닭[34]

'안토니오 라디치'는 크로아티아 국적의 체스 선수입니다. 100만 구독자를 보유한 유튜버이기도 하죠. 그런데 어느 날 라디치의 유튜브 계정이 차단되었어요. 그의 콘텐츠가 유해하다는 이유였죠. 체스 이야기를 나누는 영상이 해롭다니, 무슨 영문일까요?

지금 이 순간에도 엄청난 양의 동영상 콘텐츠가 유튜브에 올라오고 있어요. 즐겁고 유익한 정보도 많지만, 혐오감을 일으키거나 갈등을 부채질하는 내용도 가득하죠. 수많은 콘텐츠에 숨은 위험성을 사람이 하나하나 감독하는 건 불가능해요. 그래서 유튜브는 괜찮은 콘텐츠인지, 그렇지 않은지를 분석하기 위해 인공지능을 동원했습니다. 안토니오 라디치의 동영상을 들여다본 것 역시 인공지능이었어요.

인공지능이 라디치의 콘텐츠를 유해하다고 판단한 까닭은 무엇일까요? 체스 경기에서 사용되는 '흑과 백'이라는 표현이 문제였어요. 체스는 두 선수가 흑과 백으로 나뉜 16개씩의 말

을 움직여 상대의 왕(KIng)을 잡는 쪽
이 승리하는 게임입니다. 체스 선수인
라디치는 자신이 출연한 동영상에서
흑과 백이라는 말을 자연스럽게 사용
했어요. 그런데 해롭거나 위험한, 즉
'나쁜 콘텐츠'를 가려내기 위해 각종
혐오표현[★]을 감지하는 유튜브의 인공
지능이 해당 표현을 흑인과 백인에 관

★ 혐오표현(hate speech)은 계층, 인종, 국적, 성별, 성적 지향, 나이, 종교, 질병, 정치적 견해, 직업, 외모 등 특정인 또는 특정 집단의 정체성에 대한 편견과 차별을 드러내고 부추기는 표현을 의미합니다. 세계 각국에서는 사회적 약자와 소수자를 대상으로 이루어지는 이런 혐오표현을 범죄로 규정하고 처벌하고 있답니다.

계된 인종차별적 언어로 인식한 것이죠. 이 같은 표현은 라디
치의 유튜브 콘텐츠 곳곳에서 등장했고, 결국 계정이 차단되
었습니다. 논란이 벌어지자 유튜브는 24시간 만에 라디치의
계정을 복구하면서도 명확한 해명은 내놓지 않았어요. 이 사
건 또한 완벽할 것 같은 인공지능이 얼마든지 오류를 저지를
수 있음을 보여줍니다. 나아가 그런 오류가 어째서 발생하는
지 알아야 한다는 것도요.

자율주행 자동차의 오류

"가자, 키트!"

무슨 말인지 어리둥절하죠? 하지만 여러분의 부모님이 듣는다면 아주 반가워할 거예요. 1980년대 큰 인기를 끈 미국 드라마 〈전격 Z작전〉의 상징과도 같은 명대사랍니다. 이 드라마는 형사 출신의 비밀요원이 인공지능 자동차 '키트'와 함께 악당들에 맞서는 이야기예요. 스스로 생각해서 움직일 뿐만 아니라 인간과의 대화를 비롯해 못하는 일이 없는 만능 자동차 키트는 주인공에 맞먹는 엄청난 인기를 누렸어요. 이 작품을 본 사람들은 가까운 미래에 키트와 같은 인공지능 자동차가 등장하리라고 기대했습니다.

수십 년이 지난 오늘날, 키트처럼 만능은 아니지만 인간의 개입 없이도 스스로 작동하는 자율주행 자동차가 도로를 누비고 있습니다. 운전 중에는 옆 차량이 갑자기 끼어든다거나, 차도로 어린아이가 뛰어들어온다거나, 앞서가는 차에서 장애물이 떨어진다거나 하는 등 예측할 수 없는 상황이 자주 벌어져요. 인공지능의 발전에 힘입어 자율주행 자동차는 대부분의 돌발상황에 대처할 수 있게 되었고, '인간이 운전하는 자동차보다 안전하다'는 평가까지 받았습니다.

그런데 이렇게 완벽해 보이는 자율주행 자동차의 사고 소식이 늘고 있어요. 도로의 중앙분리대를 감지하지 못하고 들이받거나, 정차 중인 소방차나 전복된 화물차를 그대로 추돌하기도 합니다. 음식점 간판을 진입금지 표지판으로 인식하는 바람에 오작동을 일으키기도 해요. 모두 자율주행 자동차의 눈과 머리의 역할을 하는 인공지능이 어떤 이유로든 오류를 범해서 벌어진 사고예요. 그간의 기대와 달리 인공지능이 모든 돌발상황에 대처하지 못할뿐더러 사람 운전자라면 하지 않을 실수도 저지른다는 사실이 밝혀진 것이죠.

근거를 알 길 없는 인공지능의 판단, 늘 신뢰해도 될까요?

2015년 인공지능 알파고가 세계 최고의 바둑기사 이세돌과 맞붙었습니다. 다섯 차례에 걸친 대국에서 알파고는 바둑의 상식에서 벗어난, 얼핏 보기에는 엉뚱한 수를 자주 두었는데요. 그때마다 해설가들은 고개를 갸웃거렸어요. 인공지능 알파고가 도대체 무슨 생각으로 그런 결정을 내렸는지 알 수 없기 때문이었죠. 그럼에도 알파고가 승승장구하자 근거는 모르지만 알파고의 수가 곧 '신의 한 수'라는 맹목적 믿음이 퍼지기도 했습니다. 그런데 이 믿음은 네 번째 대국에서 이세돌 기사가 승리하면서 깨지게 됩니다. 인공지능이 결코 완벽하지 않다는 게 드러난 거죠.

앞서 살펴본 다른 사례들도 마찬가지입니다. 축구장의 AI 카메라는 왜 공이 아닌 선심의 머리를 따라갔을까요? 유튜브의 인공지능은 왜 체스 용어를 인종차별적 표현이라고 판단했을까요? 자율주행 자동차는 왜 장애물을 제대로 인식하지 못할까요? 인공지능은 주어진 데이터를 분석해 빠른 판단을 내립니다. 하지만 그 과정이나 판단의 근거를 우리에게 친절하게 설명하지는 않아요. 이처럼 인공지능을 어떤 방식으로 만들었는지, 어떤 데이터를 사용했는지, 인공지능이 어떻게 작동하는지, 무엇을 근거로 판단하는지 등에 대해 정확하게 알지 못하는 이상 우리는 인공지능의 판단을 100% 신뢰할 수 없습니다. 이것이 바로 인공지능에 '설명 가능성'이 필요한 이유이기도 하죠.

설명 가능한 인공지능이란?

비행기에는 '블랙박스'가 설치되어 있습니다. 비행기 사고는 한번 터지면 탑승자 대부분이 사망하는 대형 참사로 이어지기 때문에 사고 원인을 밝히기가 쉽지 않아요. 그런 사태에 대비해 비행기록과 조종실의 음성기록을 저장하는 장치가 바로 블랙박스예요. 비행기의 블랙박스는 사고가 나지 않는 한 열어 볼 일이 없습니다. 따라서 평소에는 그 안에 무엇이 저장되어 있는지 알기 힘들죠. 이처럼 쉽게 들여다볼 수도, 내용을 알 수도 없는 것을 가리켜 블랙박스에 비유하기도 해요.

  인공지능 역시 블랙박스처럼 안개에 싸여 있어요. 인공지능이 내린 결정의 근거나 과정을 알 수 없기 때문이에요. 이런 '알 수 없음'은 인공지능에 대한 사람들의 신뢰를 떨어뜨립니다. 정확하게 계산할 것이라고 기대하면서도, 정작 그 계산의 결과를 확신하지 못하는 모순에 빠지는 거예요. 따라서 인공지능을 신뢰하기 위해서는 그것이 어떻게 만들어지고 작동하는지 알아야 합니다. 어떤 데이터를 학습하며 어떤 알고리즘을 사용하는지, 무엇을 근거로 판단하는지 등에 대해서 말이죠. 물론 이런 지식·정보는 평범한 사용자들이 알기 어렵습니다. 인공지능 개발자와 제작사는 그럴수록 더더욱 친절하게 설명해주어야 해요.

기술은 늘 부족함을 메꾸는 방향으로 발전해왔습니다. 인공지능의 신뢰도를 높이는 연구도 마찬가지예요. 대표적으로 '설명 가능 인공지능'(XAI, eXplanable AI)이 있습니다. 인공지능이 무엇을 근거로 판단을 내렸는지 알려주는 기술이죠. 잘못된 판단이라면 그 원인을 분석하고 이를 소거하며 오류를 줄여나가는 방식이에요. 이 밖에도 인공지능의 신뢰성을 높이기 위한 다양한 연구가 진행되고 있어요.

갈수록 복잡해지는 입시제도, 도움이 필요해요!

예전에는 학교 공부는 교과서만 열심히 보면 된다고들 했어요. 하지만 입시제도가 변화무쌍해지면서 정보 경쟁이 공부의 결과에 큰 영향을 미치고 있습니다. 2025년부터는 고교학점제*가 도입되고, 입시제도도 그에 맞춰 손을 본다고 해요.[35] 예정대로라면 이 책을 읽는 여러분은 고등학교에 들어가면서부터 자기 적성에도 맞고 입시에 유리한 과목을 선택하기 위한 고민에 들어갈 거예요. 입시 정보의 중요성이 더욱 높아지는 셈이죠.

★ 고교학점제란 정해진 과목만 이수하는 현재까지의 고등학교 과정과 달리 자신의 진로와 적성에 맞는 과목을 선택해 공부하고, 그 성취도에 따른 학점으로 졸업자격을 얻는 제도입니다.

　입시제도뿐만 아니에요. 대학교마다 원하는 인재상이 다르다 보니 그에 맞춰 준비해야 할 것도 많지요. 매년 새로 생기고 사라지는 학교와 학과에 대한 정보도 챙겨야 합니다. 이렇듯 복잡다단한 변수를 모두 고려하면서 자신이 원하는 학교와 학과를 찾고, 그중에서 내 실력으로 도전해볼 만한 곳을 결정하는 것은 현실적으로 학생 혼자서는 감당하기 힘든 일입니다. 어때요? 벌써부터 여러분의 부모님과 선생님이 새로운 입시 전략을 두고 끙끙대는 소리가 들리지 않나요?

나만 믿고 따라와,
AI 입시 코디네이터

모두가 같은 날 같은 시험을 보고 등수에 맞춰 입학하던 방식
은 이제 옛날이야기입니다. 입시제도는 학생 각자의 개성을
존중하고 다양성을 보장하는 방향으로 다변화하고 있어요. 그
런데 이런 흐름이 입시전형을 갈수록 복잡하게 만들면서 학생

들을 또 다른 어려움에 빠뜨리기도 하죠. 그래서 등장한 게 '입시 코디네이터' 또는 '입시 컨설턴트'라고 불리는 직업이에요.

선생님이 자신이 맡은 교과목을 가르친다면, 입시 코디네이터는 원하는 학교에 들어갈 수 있도록 입시 전략을 마련하고 그에 맞춰 학교생활을 관리합니다. 공부만 하기도 벅찬데 복잡한 입시제도의 길잡이가 되어주는 존재, 얼마나 반가울까요? 그런데 청소년들에게 이런 입시 코디네이터에 대한 생각을 물었더니 의외의 결과가 나왔습니다. 62%의 학생이 입시 컨설팅을 받고 싶지 않다고 대답한 것이죠. 답변의 이유를 살펴보면 스스로 공부하는 '자기주도적 학습'에 방해될 것 같다는 응답이 절반을 넘었고, 30%의 학생은 경제적 부담을 들었습니다.[36]

그런데 학생들의 걱정과 달리 자기주도적 학습을 도우면서도 금전적 부담까지 줄여주는 입시 컨설팅 서비스가 있습니다. 인공지능을 활용하는 거죠. 'AI 입시 코디네이터'는 수능 점수를 입력하면 지원 가능한 학교를 알려주고,[37] 자기 성적과 원하는 대학 정보를 입력하면 합격 가능성을 예측해서 내놓습니다. 모의고사·내신등급 등 학생의 특성을 고려한 맞춤형 입시 전략을 세워주기도 해요. 정부나 지방자치단체에서 제공하는 컨설팅이기에 비용 부담도 없습니다.[38]

대부분의 AI 입시 코디네이터는 정확한 결과 예측을 강점으로 내세웁니다. 그런데 어떤 근거로 그런 예측을 내놓은 건지, 그 과정에 대해서는 알려주지 않아요. 앞서 살펴본 다른 분야의 인공지능이 그렇듯 '설명 가능성'이 충분하지 않은 거죠. 이렇게 정확도는 높지만 설명 가능성이 부족한 AI 입시 코디네이터. 믿고 이용해도 괜찮을까요? 여러분은 어떻게 생각하세요?

그래

망망대해에서 얻은
나침반이에요!

중요한 건 시간과 정보

수험생에게 가장 필요한 것은 '입시에 도움이 되는 정보'예요. 정보의 근거나 도출 과정까지는 몰라도 큰 문제가 없답니다. 그보다는 인공지능의 도움 없이 입시 정보를 직접 찾고 전략을 세우는 데 드는 시간과 노력이 훨씬 큰 부담이죠. 즉 AI 입시 코디네이터는 정확한 정보를 제공해주는 걸로 충분합니다. '설명 가능성의 부족'은 감수할 수 있는 문제예요.

공부하느라 잠잘 시간도 부족한 학생들로서는 누군가가 효율적인 입시 계획을 마련해주는 일만큼 든든한 것도 없습니다. 인공지능의 방대한 정보처리 능력은 혼자서 입시 계획을 세우는 것보다 나은 결과를 안겨줄 거예요. 적성을 파악하는 것도 훨씬 수월할 테니 그만큼 공부에 시간을 쏟을 수 있어요. 꾸준한 컨설팅을 통해 입시 준비가 계획대로 진행되는지 점검할 수 있다는 것도 빼놓을 수 없는 장점이죠. 따라서 AI 입시 코디네이터는 학생들에게 여러모로 아주 합리적 선택입니다.

부족한 설명 가능성을 보완하는 법

최근 활용되는 AI 입시 코디네이터는 내신·수능 성적을 기초 데이터로 삼고, 여기에 인성·적성 검사 등을 추가해 입시 전략을 마련합니다. 이런 방식은 동원하는 데이터의 양이 다를 뿐 인공지능이 없던 시절에도 널리 활용된 입시 계획의 정석이에요. 따라서 설명 가능성이 부족해도 다른 분야의 인공지능과 달리 큰 문제가 되지 않습니다. 예를 들어 AI 입시 코디네이터가 특정 학과를 추천할 때, 학생은 인공지능의 판단 과정을 세세히 몰라도 괜찮습니다. 자신의 내신등급이나 모의고사 성적 등 객관적 자료를 참고하면 결과를 어느 정도 이해할 수 있으니까요.

혹시 모를 오류가 실제로 벌어지면 어떻게 하냐고요? 여기에도 충분히 대비할 수 있습니다. 학생이 스스로의 분석에 선생님의 조언을 고려하고, 다른 AI 입시 코디네이터와 입시 컨설팅 업체를 골고루 사용해본 뒤 그 결과를 비교하는 식으로요. 인공지능의 판단은 어디까지나 참고만 할 뿐, 결정은 나의 몫이라는 마음가짐이라면 오류를 두려워할 필요가 없습니다.

아닌이

나의 미래를 AI의 손에
맡길 수는 없어요!

오류를 바로잡으려면
먼저 설명 가능해야

이제 여러분도 알다시피 인공지능은 무오류의 기술이 아니에요. 언제든 잘못된 판단을 내릴 수 있죠. 이런 인식이 확산하면서 인공지능이 오류를 범하는 이유와 과정에 대한 안내, 즉 '설명 가능성'이 요구되고 있습니다. 이미 여러 국가와 기업에서 인공지능 제작에 이용한 정보와 알고리즘을 다른 개발자에게도 공개하고 있어요. 일반 사용자에게까지는 미치지 못하더라도, 적어도 같은 업계의 전문가끼리는 개발·작동 과정을 공유하는 것이죠. 이것은 물론 인공지능의 오류 가능성을 인정하고, 그 원인을 찾아내기 위해서입니다. 만든 사람조차 어디가 잘못되었는지 모른다면 아무리 정확도가 높아도 마음 놓고 사용할 수 없을 테니까요.

AI 입시 코디네이터가 만들어준 입시 전략이 실제 나의 적성·능력과 맞지 않을 수 있어요. 그런데 그 인공지능의 설명 가능성이 불충분하다면 어떨까요? 학생으로서 나를 설명하는 여러 데이터 가운데 무엇이 고려되지 않았는지, 혹은 과대평가되었는지 알기 어려울 거예요. 따라서 오류를 수정하기도 힘들겠죠. 반면 번거롭더라도 학생이 스스로 경우의 수를 따져가며 만든 전략이라면 다릅니다. 자신이 검토한 자료를 되짚으면서 원인을 찾고, 계획을 손볼 수 있을 테니까요. 이 차이를 만드는 게 바로 설명 가능성이에요. 결국 AI 입시 코디네이터가 사용한 데이터와 알고리즘을 모른 채 '알아서 잘하겠지'라며 내버려두는 것은 자기 인생을 남의 손에 맡기는 행위와 다름없습니다.

과연 '나를 위한' 입시 전략일까요?

평범한 이용자도 인공지능의 설명 가능성에 관심을 가져야 할까요? 물론이에요. 해당 기업이 이용자의 눈높이에 맞춰 정보를 공유하기를 바란다면요. 이용자가 설명 가능성에 무관심하다면 기업에서 구태여 자사의 노하우가 담긴 인공지능 개발 정보를 공개할 필요를 못 느낄 거예요.

이런 식으로 기업과 이용자가 가진 정보의 격차가 계속 커진다면 어떨까요? 인공지능이 오류를 일으킬 때뿐만 아니라 본래 목적과는 동떨어진 방향으로 활용되어도 영문을 모르는 이용자는 적절한 조치나 보상을 받지 못할 가능성이 큽니다. 현재 AI 입시 코디네이터만 해도 그렇습니다. 인공지능이 추천하는 입시 계획과 학습 방법이 온전히 학생의 진로 결정을 돕기 위한 것일까요? 아니면 광고수익 등의 이윤이 목적일까요? 주어진 정보만으로는 판단하기 쉽지 않습니다.

설명 가능성이 낮은, 특정 기업의 인공지능이 입시 컨설팅 시장을 장악한다면 문제는 더욱 심각해질 거예요. 피해를 본

학생과 학부모는 이를 공론화하는 것은커녕 피해 사실을 증명할 자료조차 제대로 제공받기 어려울 겁니다. 그러니 명심해야 해요. 우리는 우리가 이용하는 인공지능에 대해 더 알아야 하고, 알 권리도 갖고 있습니다. 설명 가능한 인공지능을 만들도록, 관련 정보를 투명하게 공개하도록 기업에 요구해야 합니다. 물론 인공지능에 사용된 수많은 데이터와 복잡한 연산 과정을 일반 이용자가 세세하게 알 수는 없겠지요. 그렇더라도 내가 이용하는 인공지능의 한계와 오류 가능성에 관한 정보를 제공받을 권리는 최대한 보장되어야 합니다.

 # 더 생각해 볼까요?

인공지능은 오류 없는 완벽한 기술이 아닙니다. 따라서 믿고 쓸 수 있는 인공지능이란 빠르고 정확하되, 동시에 설명 가능한 기술이어야 해요. 이를 위해서는 인공지능의 개발과 작동에 관한 정보가 투명하게 관리되어야 합니다. 다음 질문을 통해 인공지능과 설명 가능성의 문제를 더 고민해보도록 해요.

✦ 인공지능의 판단을 의심 없이 받아들이는 것은 어째서 위험할까요?

✦ 인공지능이 오류를 저지를 수 있다는 사실이 널리 알려진다면 인공지능에 대한 신뢰도나 그 활용 방식에 어떤 변화가 있을까요?

5

인공지능,
만들고
사용할 때
어떤 책임이
따를까요?

AI와 책무성

브레이크가 고장이 난 기차가 달려오고 있습니다. 이대로라면 선로의 끝에서 작업하고 있는 다섯 명의 인부는 꼼짝없이 목숨을 잃을 거예요. 피하라고 소리칠 여유조차 없습니다. 다행히 여기 레버가 하나 있습니다. 이걸 당기면 기차의 진행 방향을 바꿀 수 있어요!

그런데 다른 방향의 선로 끝에는 또 한 사람의 인부가 작업 중입니다. 레버를 당기면 다섯 인부를 구하는 대신 기차의 진행 방향과 무관했던 다른 한 사람을 희생해야 해요. 그렇다고 그냥 두면 다섯 명의 목숨이 사라질 게 뻔합니다. 만약 여러분의 눈앞에 선로를 바꿀 레버가 있다면 어떤 결정을 내리게 될까요?

이 문제는 트롤리 딜레마[*]라는 유명한 사고 실험이에요. 레버를 당겨 기차의 진행 방향을 바꾸는 행위와 기차의 진로에 개입하지 않는 행위 가운데 무엇이 더 윤리적인지 고민해보는 문제입니다.

★ 트롤리(trolley)는 전기기관차(전차)를 뜻합니다. 딜레마(dilemma)는 둘 중 하나를 선택해야 하지만, 어느 것을 선택해도 좋지 못한 결과가 나오는 곤란한 상황을 가리키는 말이에요.

굉장히 어려운 질문이죠? 누군가의 목숨이 내 손에 달리는 일. 여러분뿐만 아니라 어른들도 살면서 쉽게 경험해보지 못한 일일 거예요. 그렇지만 어려운 선택의 순간은 늘 예상하지 못한 때에 찾아오는 법이죠. 여러분이라면 어떤 결정을 내리게 될까요?

아마도 여러분 대부분은 기차의 선로를 바꿀 가능성이 큽니다. 통계가 그렇거든요. 미국 하버드대학교의 조사에 따르면 120개 국가, 3만 명의 응답자 가운데 90%는 레버를 당겨 선로를 바꾸겠다고 답했습니다. 예일대학교의 조사 결과 역시 비슷해요. 1명을 희생해서라도 5명을 살려야 한다는 것이죠.

그렇지만 여럿을 위해 한 사람이 희생하는 게 과연 더 윤리적일까요? 또 다수의 선택이라는 점이 옳고 그름의 근거가 될 수 있을까요? 이처럼 트롤리 딜레마는 둘 중 무엇을 선택하든 돌이킬 수 없는 문제가 생기는 상황에서 도덕과 책임의 한계를 고민하게 합니다.

자율주행 자동차는 누구를 살릴까요?[39]

인공지능도 트롤리 딜레마에서 자유롭지 않아요. 앞서 이야기에서 보듯 지금까지는 기차의 선로 변경을 결정하는 주체가 사람이었죠. 하지만 점차 인공지능이 그 역할을 대신하고 있습니다. 자율주행 자동차가 대표적이에요. 자율주행 자동차의 인공지능은 앞에 있는 사물을 인식하고, 그것이 무엇인지 판단합니다. 동시에 다양한 주변 상황을 종합해 자동차의 방향과 속력을 조절하죠.

브레이크가 고장 난 자율주행 자동차가 도로를 질주하고 있습니다. 몇 미터 앞에 횡단보도가 있고, 보행자 신호가 파란

불로 바뀌었어요. 이대로 가면 여러 사람이 죽거나 다칠 거예요. 피해를 줄이려면 핸들을 인도 방향으로 꺾어야 합니다. 그런데 하필 그 자리에 행인 하나가 서성이고 있네요. 차가 인도로 향한다면 그와 충돌을 피할 수 없습니다. 이때 인공지능은 어떤 선택을 해야 할까요? 그 선택의 책임은 누구에게 있을까요?

자율주행 자동차의 인공지능이 마주칠 윤리적 딜레마는 이뿐만 아닙니다. 달리는 자율주행 자동차 앞에 노인과 청년이 나란히 걸어가고 있고, 두 사람 중 하나와 부딪힐 수밖에 없는 상황을 가정해볼게요. 미국 메사추세츠공과대학(MIT)에서는 세계 각지의 사람들에게 이런 상황에서 핸들을 어느 쪽으로 돌려야 할지 물었습니다. 그런데 조사 결과가 아주 흥미로워요. 동서양 문화권에 따라 답변이 확연하게 갈린 것이죠. 유럽과 오세아니아를 비롯한 서양 문화권에선 청년을, 동양 문화권에선 노인을 살리는 쪽을 선택하는 경향이 뚜렷했어요.[40] 이 연구는 예컨대 서양의 도덕관을 적용한 자율주행 자동차를 동양에서 그대로 사용할 때의 문제점을 알려줍니다. 급박한 상황에서 인공지능이 인간 운전자의 자유의지나 해당 사회의 통넘과 다른 선택을 할 수 있다는 것이죠.

자율주행 자동차가 사고를 낸다면 그 책임은 누구에게 있을까요? 인공지능은 처음부터 스스로 판단하지는 않습니다. 인간 개발자가 만든 알고리즘에 따라 데이터의 수집과 분석을 반복하며 위급한 상황에 대처하는 방법을 키우게 되죠. 실제로 정부는 '레벨4'로 불리는 완전 자율주행차가 사고를 낸 경우, 사람이 자동차를 조작하지 않았다면 제조사가 피해를 보상한다는 원칙을 정했습니다. 물론 사람이 조금이라도 주행에 관여했다면 운전자에게 책임을 묻겠지요.[41]

오바마 대통령이 욕을 했다고요?

"트럼프 대통령은 완전히 머저리입니다."

2018년, 버락 오바마 전 미국 대통령이 자신의 후임이자 현직 대통령이던 도널드 트럼프를 조롱하는 영상이 화제가 되었습니다. 그런데 영상 속 오바마는 곧이어 "여러분도 아실 겁니다. 제가 공개 연설에서 이런 말을 할 사람이 아니라는 것을요"라고 덧붙였어요. 어떻게 된 일일까요? 사실 이 인물은 실제 오바마가 아니라 인공지능이 만든 가짜였습니다. 이렇게 인공지능을 활용해 인간의 얼굴을 정교하게 재현하는 이미지·영상 합성 기술을 딥페이크(Deepfake)라고 해요.

이 영상이 공개된 후 딥페이크의 위험성을 경고하는 목소리가 쏟아졌습니다. 예를 들어 정치인이 경쟁자를 곤경에 빠뜨리기 위해 가짜 영상을 만들어 여론을 움직일 수 있다는 것이죠. 오바마 딥페이크만 해도 사실을 밝히지 않았다면 많은 사람이 속았을 거예요. 정치뿐만 아니에요. 할리우드 유명 배우의 얼굴 이미지를 음란물 등에 합성하는 일도 심심찮게 벌어지고 있어요. 해당 배우들은 그런 영상을 촬영하지 않았습니다. 그럼에도 너무나 감쪽같은 기술이 당사자에게 회복하기 힘든 피해를 입히곤 해요.

그래그래, 끄덕끄덕
추임새 넣는 AI

친구와 대화할 때, 정말 필요한 말만 오가는 경우는 드물 거예요. 눈을 맞추고, 고개를 끄덕이죠. '으흠' '아하' 같은 추임새를 넣기도 하고요. 대화에 집중하고 있고, 상대의 말에 동의한다는 걸 드러내는 표현이죠. 이런 반응을 주고받을수록 대화는 생동감 있고 자연스럽게 흘러갑니다. 그런데 사람의 전유물이었던 이런 행동·추임새를 이제 인공지능과의 대화에서도 찾아볼 수 있습니다.

> 고객: 2시에 미용실 예약을 하고 싶어요.
> 점원: 고객님, 2시에는 예약이 꽉 차 있어요. 3시는 어떠세요?
> 고객: 음…. 그래요. 좋아요.

얼핏 보면 미용실 직원과 고객의 평범한 대화입니다. 그런데 여기서 '음…'이라며 사람처럼 추임새를 넣는 고객의 정체는 인공지능이에요. 구글의 인공지능 기반 예약·상담 서비스 듀플렉스(Duplex)는 실제 사람의 목소리를 그대로 모방해 전화를 걸 수 있습니다. 이용자를 대신해 예약 서비스를 진행해주는 거죠.[42]

한편 딥페이크의 사례에서 보듯 애써 만든 훌륭한 기술을 범죄에 이용하는 경우도 적지 않습니다. 사람의 목소리를 모방하는 기술도 악용될 수 있어요. 영국의 한 에너지 회사 직원은 독일에 있는 상사의 전화를 받았습니다. 어떤 업체의 계좌로 거액의 돈을 보내라는 지시였어요. 전화기 너머로 들려오는 목소리와 독일어 억양은 틀림없는 상사의 것이었고, 부하 직원은 아무런 의심 없이 송금을 진행했습니다. 여러분도 짐작하다시피 그 목소리 주인공은 상사의 음성을 모방한 인공지능이었어요. 부하 직원은 송금 결과를 보고하기 위해 독일의 진짜 상사에게 전화를 걸고 나서야 이를 깨달았답니다. 딥페이크를 이용한 '보이스피싱'이었던 거죠.[43]

개발자의 책임, 이용자의 책임

오바마의 트럼프 조롱 영상은 딥페이크 기술에 대한 경각심을 일깨우기 위해 제작되었어요. 합성하고자 하는 인물의 여러 표정이 담긴 15초 정도의 영상과 소프트웨어만 준비하면 비슷한 결과물을 누구나 손쉽게 만들 수 있는 세상이에요. 이런 인공지능 기술은 어떻게 쓰느냐에 따라 세상을 편리하고 즐겁게 만들 수도, 반대로 우리의 삶을 망가트릴 수도 있습니다. 물론 딥페이크의 개발자에게 나쁜 뜻은 없을 겁니다. 그도 자신의 기술이 세상에 유익한 쪽으로 이용되길 바랄 거예요.

그렇다면 딥페이크를 활용한 불법 음란물은 누가 책임져야 할까요? 특정인의 목소리와 미세한 말버릇까지 흉내 낸 보이스피싱 범죄는요? 애초에 영상·음성 합성 기술을 만들어낸 인공지능 개발자의 책임일까요? 아니면 이 기술을 악용한 이용자일까요? 현실에서 인공지능 기술을 범죄나 부적절한 목적에 사용해서 발생하는 법적 책임은 이용자에게 있다고 합니다. 물론 개발자도 인공지능이 악용되지 않도록 안전장치를 마련해야 합니다. 많은 사람이 사용할 기술을 만든 사람으로서 사회적 책임감을 가져야 하는 것이죠.

사람이 쓴 글이 아니라고요?

너무나도 어려운 글쓰기! 누군가가 대신 써주면 좋겠다는 생각을 많이들 해봤을 겁니다. 필요는 발명의 어머니라고 하죠. 골치 아픈 글쓰기를 대신해주는 인공지능이 존재한답니다. 다들 '자동완성' 기능을 알 거예요. 스마트폰 화면이나 인터넷 검

색창에 키워드 일부를 입력하면 그와 연결되는 단어나 문장을 보여주고 적당한 것을 선택해 완성하도록 도와주는 기능이죠. '글쓰기 인공지능'은 이런 자동완성 기능이 발전을 거듭한 결과입니다.

지피티-3(GPT-3)는 작문과 번역, 대화가 가능한 인공지능이에요. 단순한 문장만 넣어도 그 맥락에 맞춰 다음 문장을 만들어 이야기를 완성할 수 있습니다. 약 4100억 개에 달하는 데이터를 학습한 덕분에 뉴스 기사를 쓸 수 있는 수준이죠.[44] 이미 지피티-3가 작성한 기사가 보도되고 있어요. 야구 경기에서 특정 상황을 선택하면 인공지능이 그 장면을 눈에 보이는 듯 생생한 문장으로 묘사합니다. '천금 같은 결승타' 같이 사람이 아니면 못 쓸 법한 표현까지도 자연스럽게 구사한답니다.[45]

AI가 쓴 글의 주인은 누구일까요?

발전을 거듭하고 있는 지피티-3는 이제 문체, 즉 글의 스타일까지 바꿀 수 있다고 해요. 마음에 드는 문장을 예시로 입력하면 그와 딴판인 원문을 원하는 스타일대로 고쳐주는 것이죠.

작성을 마친 글의 밋밋한 제목이 불만이라면 클릭을 부르는 낚시성 제목으로 바꿔주기도 합니다.[46]

  2023년 이후 '글 쓰는 AI'의 대명사가 된 챗지피티(Chat GPT)도 지피티-3를 토대로 개발된 인공지능 언어모델입니다. 사람의 말을 이해하고, 문장을 만들거나 대화를 나누며, 외국어를 다른 나라의 말로 번역하는 등 그야말로 고차원적 언어 처리가 가능한 인공지능이에요. 지피티-3의 여러 기능(문장 생성, 대화, 번역, 요약 등) 가운데 문장 생성에 특화된 인공지능이기도 하죠. 이용자가 질문을 하면, 챗지피티는 그때껏 학습한 데이터를 동원해 답변합니다. 인터넷에 존재하는 어마어마한 양의 문서, 뉴스, 논문, 책 등이 모두 챗지피티의 학습 교재라고 할 수 있죠.

  글쓰기 인공지능의 사용법이 점점 쉬워지고 있다는 것도 반가운 소식입니다. 구글에서는 다양한 인공지능 글쓰기 프로그램을 체험할 수 있어요.[47] 그중 하나인 비트윈 더 라인스(Between The Lines)는 문맥에서 빠진 내용을 채워 넣어주는 프로그램입니다. 예를 들어 '모든 사람은 죽는다. 따라서 소크라테스는 죽는다'라고 입력하면 인공지능이 두 문장 사이에 '소크라테스는 사람이다'라는 문장을 추가해 논리와 맥락을 완성하는 것이죠. 이렇듯 나날이 발전하는 인공지능의 작문 기술은 글쓰기에 대한 사람들의 부담과 공포를 덜어주고 있습니다.

이제 학교 이야기를 해볼까요? 입시와 교육 과정에서 학생의 생각을 묻는 서술형 평가나 논술 시험의 비중이 높아지고 있습니다. 따라서 글쓰기의 중요성은 앞으로도 점점 더 커질 거예요. 그런 흐름과 함께 챗지피티 같은 글쓰기 인공지능도 널리 활용될 겁니다. 그런데 학생이 과제나 평가에 임할 때 글쓰기 인공지능을 활용한다면 그 사실을 밝히지 않아도 될까요? 지금까지 살펴본 '인공지능을 올바르게 사용할 책임'과 관련해 이 문제를 이야기해보도록 해요.

인공지능은 편리한
도구일 뿐이에요!

중요한 것은 '쓰는 사람의 능력'

시험이나 과제, 저작물에 활용한 인공지능에 대한 정보를 밝
힐 필요가 없다는 입장을 먼저 살펴볼까요? 주된 근거는 인공
지능의 창작 기술이 아직 충분한 수준에 이르지 못했다는 거
예요. 일본에서는 몇 해 전 글쓰기 인공지능이 작성한 소설이
문학상 예심을 통과해 화제를 모았습니다. 그런데 정작 이 인
공지능의 개발자는 소설 창작에서 인공지능의 기여도가 20%
에 불과하다고 평가했어요.

그에 따르면 글쓰기 인공지능은 스스로 이야기를 만들어내는 수준은 못 되며, 예심을 통과한 소설 역시 사람이 이야기의 얼개를 짜놓으면 그 사이사이를 인공지능이 채우는 방식으로 완성했다고 해요. 인공지능이 사람의 도움 없이 한 편의 온전한 글을 완성하기까지는 시간이 더 필요하다는 뜻이죠.[48] 과제나 입시에 이용하는 인공지능도 마찬가지예요. '자동완성'이라지만 처음부터 끝까지 완성도 있는 글을 작성하는 게 아니에요. 결국 이를 활용하는 사람의 능력이 훨씬 중요한 만큼, 인공지능 이용에 대한 정보를 밝히지 않아도 된다는 것이죠.

과도한 규제의 부작용

우리나라 교육부는 인공지능을 학교 수업에 적극적으로 활용할 것을 권하고 있어요. 생각만큼 글쓰기를 배우고 익힐 기회가 흔치 않은 학교에서 글쓰기 인공지능은 훌륭한 조력자이자 선생님이 되어줄 겁니다. 평소에 글쓰기를 두려워하는 학생이라도 자동완성 기능을 갖춘 인공지능이 곁에서 도와준다면 부담 없이 도전할 수 있을 거예요. 그 밖에도 글감을 떠올리고, 문장과 문장 사이를 채워주고, 인물과 대화를 통해 이야기를 만들어내는 등 갖가지 종류의 글쓰기 인공지능이 존재합니다. 필요하다면 한 편의 글을 쓰는 데 이 모든 인공지능을 활용할 수도 있겠죠. 하지만 글을 쓸 때마다 매번 인공지능에 대한 정보를 모두 밝혀야 한다면, 그 과정이 번거롭고 부담스러워서라도 이용을 꺼리는 학생이 생길 거예요. 이는 결국 글쓰기 공부의 문턱을 다시 높이는 악순환으로 이어질 수 있습니다.

유럽연합(EU)은 최근 인공지능 이용 규제안을 발표했습니다. 관련 기업들은 일제히 반대하는 목소리를 냈어요. 인공지능 기술이 이제 막 실생활에 도입되기 시작했는데, 그 이용을 필요 이상으로 제약하면 기술의 대중화와 발전을 가로막는다는 것이죠.[49] 학교에서 글쓰기 인공지능을 활용하는 까닭은 무엇보다 작문 능력을 키우기 위해서입니다. 그렇다면 인공지능 이용자에게 부여된 규칙 역시 그 목적에 부합해야 하겠죠. 어떤 인공지능을 어디에, 어느 정도로 활용했는지 일일이 밝혀야 하는 규칙은 글쓰기 인공지능을 널리 활용하는 데 아무런 도움이 되지 않아요.

공정한 경쟁이라면
정보를 공개해야 해요!

평가 대상은 '사람의 솜씨'

논술은 학생들이 가장 자주 접하는 글쓰기 방식 가운데 하나입니다. 많은 대학에서도 논술 시험을 통해 학생들이 특정 주제에 어떤 생각을 가지는지, 그 생각을 논리적으로 표현할 수 있는지 평가하지요. 그만큼 글쓰기는 사람의 지적능력과 표현능력이 집약된 분야로, 특히 학생들의 실력을 가늠하는 중요한 기준이 되어왔습니다.

그런데 논술을 비롯해 자신의 생각을 글로 서술하는 과제·시험에서 인공지능을 활용했다면 그 결과물을 '사람만의 솜씨'라고 볼 수 있을까요? 더욱이 챗지피티처럼 주제만 던져주면 완성된 형태의 글을 생성하는 도구를 이용했다면요? 그렇다고 대답하기 어려울 거예요. 이런 공감대가 커지면서 한국에서는 챗지피티를 이용해 제출된 과제물을 0점 처리하는 등 규제에 나선 학교가 늘고 있습니다. 미국 또한 교육청과 각급 학교에서 챗지피티 등 인공지능을 활용한 글쓰기 프로그램 접속을 차단하는 대신 구술시험을 확대하는 방식을 채택하고 있어요.[50]

제도적·사회적 규범화 흐름

인공지능을 활용해 작성한 글은 글쓴이 한 사람만의 성과로 볼 수 없습니다. 인공지능 개발자의 노력, 다시 말해 기술의 도움이 합쳐진 결과물이죠. 따라서 도움의 정도, 즉 개발자의 기여도를 명확히 알려야 한다는 견해도 있습니다. 한국에서도 인공지능의 발전·이용에 뒤따르는 사회적 갈등을 관리하고 책임을 분명히 가리기 위해 법과 제도를 정비하고 있어요.[51]

예를 들어 기업은 사람이 아니지만 '법인'이라는 이름으로 법적 권리와 의무를 인정받는데요. 이와 비슷하게 인공지능의 행위에도 성과에는 권리를, 피해에는 책임을 부여하려는 움직임이 일어나고 있습니다.

다른 나라는 어떨까요? 중국에서는 인공지능을 활용한 창작물의 권리에 관한 판결이 이어지고 있습니다. 그 가운데서도 드림라이터(Dream Writer)라는 글쓰기 인공지능과 관련한 법정 공방이 화제를 모았어요. 드림라이터를 활용해 뉴스를 생산한 미디어 기업이 그 기사를 무단으로 사용한 다른 기업을 상대로 벌인 저작권 침해 및 손해배상 소송이었어요. 인공지능 기술이 들어간 글을 사람이 쓴 경우처럼 창작물로 인정할 것인지, 인정한다면 그 글의 저작권자를 누구로 볼 것인지가 이 사건의 쟁점이었죠. 결론부터 말하면 중국 법원은 드림라이터로 작성한 기사가 독창성을 갖는 저작물임을 인정하면서도, 인공지능 자체에 저작권을 부여하지는 않았습니다. 사람의 개입 없이 인공지능만으로 완성한 기사가 아니기 때문이에요.

그렇다면 드림라이터로 만든 기사의 주인은 누구로 봐야

할까요? 인공지능 제작 업체일까요? 아니면 인공지능을 이용해 기사를 작성한 미디어 기업일까요? 중국 법원은 기사의 독창성은 드림라이터와 직접적인 관련이 없다고 보았고, 따라서 저작권은 프로그램을 구매해 기사를 생산한 미디어 기업에 있다고 판결했습니다. 여기에는 해당 기사가 드림라이터로 작성한 것임을 분명히 밝힌 점과, 드림라이터를 활용한 창작물의 저작권은 미디어 기업이 갖기로 한 개발사–미디어 기업 간 계약 조항 등도 영향을 미쳤습니다.[52] 중국 법원의 판결이 정답이라고 할 수는 없습니다. 그렇지만 이 사건은 인공지능을 활용한 저작물의 권리와 책임 다툼이 세계 각국의 공통 문제임을 일깨우며, 그에 따른 법·제도·문화의 변화를 예고하고 있습니다.

《로드러너》(2021)는 몇 해 전 세상을 떠난 유명 요리사 겸 방송인 앤서니 보데인의 삶을 담은 다큐멘터리 영화입니다. 그런데 이 작품에 활용된 인공지능 기술을 두고 논란이 벌어졌어요. 영화에서는 생전 보데인이 친구에게 남긴 이메일이 그 자신의 목소리로 공개되는데요. 물론 딥페이크 기술로 감쪽같이 재현한 음성이었죠.《로드러너》의 감독은 보데인의 유족과 그의 저작권 관리자에게 이 사실을 미리 알리고, 언론 인터뷰를 통해서도 작품 일부에 인공지능이 만든 음성을 사용했음을 밝혔습니다.

그럼에도 비판을 피할 수는 없었어요. 작품 속 보데인의 목소리 대부분이 실제 그의 것이었기에, 관객은 이메일을 읽는 목소리 역시 보데인의 육성으로 받아들였기 때문이에요. 이 사례는 인공지능 기술을 작품에 사용할 경우, 이를 관객에게 분명히 알려야 한다고 생각하는 사람이 많다는 걸 보여줍니다.[53]

더 생각해 볼까요?

인공지능 기술이 발전하면서 인간의 '책임'을 두고 여러 관점과 입장이 충돌하고 있습니다. 분명한 것은 과거의 기술이 그랬듯, 인공지능을 만들거나 이용할 때도 책임과 규제가 따른다는 점이에요. 다음 질문을 통해 이에 대한 각자의 생각을 마저 정리해보도록 해요.

✦ 학생이 인공지능 기술을 이용하면서 지켜야 할 규칙으로는 어떤 것이 있을까요?

✦ 학교에서 활용하는 글쓰기 인공지능의 자동완성 기능은 어느 수준이 적당할까요?

6

인공지능, 과연 안전한 기술일까요?

AI의 위험성

밤낮으로 엄청난 노력을 기울인 끝에, 마침내 발생과 생명의 원인을 밝혀낸 것이다. 아니, 그 이상으로, 생명이 없는 것에 움직임을 부여하는 능력을 지니게 되었다. 반은 꺼져버린 희미한 빛 속에서, 그것이 흐리멍덩한 노란 눈을 뜨는 게 보였다. 그것은 거칠게 숨을 쉬면서 발작적으로 사지를 꿈틀거렸다. (…)

검은 머리칼은 윤기를 내며 흘러내렸고 이는 진주처럼 희었다. 그러나 이런 화려함은 축축한 눈, 그것이 들어앉은 희끄무레한 눈구멍과 색깔이 거의 비슷한 두 눈, 쭈글쭈글한 피부, 새까만 입술과 대조를 이루며 더욱 섬뜩하기만

했다. (…)

나는 알아보았다. 점점 다가오는 그 형체는 내가 창조한 괴물이었다. (…) "이 악마야, 어딜 감히 나한테 다가오느냐? 네 가련한 머리를 처부술 복수의 손이 두렵지도 않으냐? (…) 네 역겨운 존재를 죽임으로써 네가 그렇게 잔인하게 죽인 사람들을 살릴 수만 있다면!"

메리 셸리가 쓴 최초의 과학소설 《프랑켄슈타인》(1818)의 한 대목입니다. 과학자 빅터 프랑켄슈타인은 오랜 연구 끝에 생명을 창조하는 방법을 알아냅니다. 그러나 아름다운 생명체일 것이라는 기대와 달리 그가 만들어낸 존재는 괴물의 모습이었어요. 흉물스러운 생김새에 놀란 빅터는 괴물을 버려둔 채 도망치죠. 그리고 끝내 자신이 만든 괴물의 손에 자신의 아내와 동생, 친구를 잃게 됩니다.

비극으로 끝났지만 빅터 프랑켄슈타인의 연구는 본래 인류의 진보를 꿈꾼 것이었어요. 소설 밖의 현실 세계도 이와 다르지 않습니다. 더 나은 세상을 만들겠다는 바람에서 연구한 과학기술이 정반대의 결과를 만들어내기도 하죠. 인공지능에 대해서도 상반된 두 가지 입장이 존재해요. 한쪽에선 인공지능 기술이 발전할수록 우리의 삶도 편리해질 것이라고 기대해요. 그 반대편에선 인공지능이야말로 '우리 시대의 프랑켄슈타인' 일지 모른다며 두려움 섞인 반감을 드러내죠. 인공지능을 다룬 과학소설과 SF영화에서도 이런 두려움을 살펴볼 수 있어요. 인간의 반대편에서 인간을 공격하는 인공지능 프로그램이나 로봇의 모습으로 말이죠. 물론 상상만은 아닙니다. 소설이나 영화에서 묘사되는 기술 수준에 미치지 못하는 오늘날에도 인공지능은 크고 작은 피해를 일으키며 우리 삶을 위협하고 있습니다.

에너지 대란을 일으킨 인공지능

미국 남동부에는 8851km 길이의 송유관이 있습니다. 남부 텍사스에서 생산한 석유와 가스 등을 뉴욕을 비롯한 동부 지역으로 운반하는 막중한 역할을 맡고 있죠. 그런데 해당 지역 연료 공급의 45%를 책임지는 이 송유관이 일순간 멈춰서는 일이 벌어졌습니다. 한 해커 집단이 송유관을 관리하는 기업의 컴퓨터 시스템을 공격한 거예요. 해커 집단은 시스템을 정상

화하는 대가로 500만 달러(약 60억 원)를 요구했습니다. 어처구니없는 협박이지만 따를 수밖에 없었습니다. 당장 연료 공급을 재개하지 않으면 미국의 주요 도시와 인구가 몰려 있는 동부 지역의 교통과 산업이 마비될 지경이었거든요.[54]

이렇게 컴퓨터 시스템이나 데이터를 인질 삼아 금전을 요구하는 해킹 프로그램을 랜섬웨어(Ransomware)라고 합니다. 몸값을 뜻하는 랜섬(ransom)과, 컴퓨터 바이러스와 같은 악성 코드를 가리키는 멀웨어(malware)를 합친 용어예요. '해킹'이라고 하면 흔히들 검은색 후드티를 입은 해커가 빠른 속도로 자판을 두드리고 검은색 화면에 녹색의 글자들이 둥둥 떠다니는 장면을 떠올리죠. 하지만 이제는 온라인으로 감염되는 랜섬웨어가 해킹의 주요 수단이 되고 있습니다. 해커는 랜섬웨어를 심은 이메일이나 문자 메시지를 불특정 다수에게 대량으로 발송해요. 누구든 그걸 열어보는 순간 자신의 컴퓨터·스마트폰이 먹통이 되는 것이죠.

초기 랜섬웨어는 낯선 이름의 발신인이나 광고로 위장한 제목이 붙은 이메일을 통해 전파되었어요. 호기심을 자극해 클릭을 유도하는 거죠. 이런 수법이 널리 알려지면서 사람들은 미심쩍은 이메일은 열어보지 않고 삭제하게 되었죠. 그러자 해커들도 전략을 바꿉니다. 랜섬웨어 공격에 인공지능을 이용하기 시작한 거예요. 인공지능은 한 사람 한 사람에게 맞춤형 이메일을 보냅니다. 나를 잘 아는 사람이 쓴 것 같은 메일, 내 업무와 관련한 메일, 내가 구입한 물건에 대한 이메일이라면 누구든 의심 없이 열어볼 테니까요.

이와 관련해서 한 보안 기업은 사람들의 온라인 활동을 분석해 특별한 알고리즘을 개발했습니다. 소셜네트워크서비스(SNS)에서 사람들의 관심을 끌 만한 콘텐츠를 만들어 댓글로 다는 알고리즘이었죠. 댓글을 클릭하는 순간 랜섬웨어와 같은 악성코드가 이용자의 컴퓨터를 점령하는 방식이에요. 이후 시행한 성능 테스트에서 이 알고리즘을 학습한 인공지능이 사람과 대결을 벌였습니다. 결과는 압도적이었어요. 인공지능은 사람보다 훨씬 많은 댓글을 작성했을 뿐만 아니라 공격 성공률, 즉 사용자가 댓글을 클릭하게 만드는 빈도에서도 월등하게 앞섰다고 해요.

사람을 공격하는 인공지능 군사로봇?

영화 〈터미네이터 2〉(1992). 발표된 지 30년이 넘었지만 주인 공 터미네이터의 "I'll be back!(나는 다시 돌아온다!)"이라는 명 대사, 그리고 그가 엄지손가락을 치켜올리며 스스로 용광로 에 들어가는 마지막 장면으로 전 세계인에게 깊은 인상을 남 긴 걸작이에요. 〈터미네이터 2〉의 세계에서는 인간과 인공지 능 로봇이 전쟁을 벌입니다. 수많은 핵무기를 만든 인간은 이 를 관리하기 위해 인공지능 시스템 '스카이넷'을 개발하죠. 그 런데 학습을 통해 인류를 적으로 판단한 스카이넷이 핵무기로 인간을 공격하면서 전쟁이 시작됩니다. 터미네이터는 남은 인 류를 멸종시키기 위해 스카이넷이 만든 군사로봇이에요.

터미네이터는 이제 영화 속 존재로만 머물지 않아요. 미국 과 중국, 러시아, 영국 등 적어도 10개국 이상이 인공지능을 이용한 군사로봇 개발 경쟁에 돌입한 것으로 알려졌습니다. 영화에서처럼 완전한 사람의 형상은 아니지만, 적군을 스스 로 인식하고 공격하는 로봇이 이미 실전에 배치되고 있어요. 미국은 2018년 육군미래사령부를 창설했습니다. 이곳에서는

4500여 개 대학·연구기관과 연계해 인공지능과 로봇 기술을 결합하고 있죠. 러시아는 2030년까지 병력의 30%를 로봇으로 바꾼다는 목표를 세웠습니다. 중국 또한 미국과 어깨를 나란히 하는 인공지능 기술 강국이에요. 중국은 2030년까지 중국군을 세계 최고의 AI 혁신센터로 바꾸겠다고 선포하며, 하늘·땅·바다 등 모든 영역에서 인공지능 군사로봇을 도입한다는 계획을 밝혔어요. 우리나라 국방부도 군사로봇 개발에 나서고 있습니다.[55]

군사로봇은 전쟁에 투입되어 귀중한 목숨을 아끼는 것은 물론, 평시에도 폭탄·지뢰 제거 등 위험한 업무를 대신할 수 있습니다. 미국 조지타운대학교 로자 브룩스(Rosa Brooks) 교수에 따르면 사람은 두려움 등의 감정을 가지고 있기에 전쟁터에서 잘못된 판단을 내리기 쉽습니다. 이에 비해 어떤 상황에서도 냉정하게 임무를 수행하는 군사로봇은 불필요한 병력 손실을 줄일 뿐만 아니라, 민간인 피해도 막을 수 있어요.

그런데 군사로봇을 본격적으로 이용하기에 앞서 해결해야 할 문제가 있습니다. 바로 로봇이 사람을 해칠 가능성입니다.

실제로 2016~2017년 미국과 러시아에서 작전에 투입된 군사로봇이 사람을 사살한 사건이 벌어졌고, 전 세계 123개국 대표가 이 문제를 논의하기 위해 스위스의 유엔 유럽본부에 모였습니다. 참석자들은 군사로봇이 가진 위험성에 공감하며 로봇의 개발과 생산에 관한 규제안을 만들기로 합의했어요.[56] 인명 피해를 최소화하기 위해 만든 인공지능 군사로봇이 영화 속 터미네이터로 변질되는 걸 막기 위한 노력이죠.

특이점 이후의 인공지능

아이언맨, 캡틴 아메리카, 헐크, 토르, 블랙 위도우…. 지구를 지키는 슈퍼히어로들의 모임 어벤져스는 2010년대 극장가를 휩쓸었습니다. 이 시리즈의 두 번째 작품인 〈어벤져스: 에이지 오브 울트론〉에는 인공지능과 우주적 힘이 결합해 탄생한 또 하나의 슈퍼히어로 '비전'이 등장해요. 그는 웬만한 다른 슈퍼히어로와도 비교할 수 없을 만큼 강하며, 무엇보다 선하고 순수한 마음의 소유자입니다.

그런데 현실 세계에 그렇게 강력한 인공지능이 존재한다면 어떨까요? 어벤져스의 비전처럼 이타적이고 고결하리라고 기대해도 될까요? 안타깝게도 생전에 세계 최고의 지성으로 꼽혔던 물리학자 스티븐 호킹과 첨단 기업 테슬라·스페이스X의 최고경영자 일론 머스크가 내놓은 전망은 밝지 않습니다. "인공지능이 인류에게 이로운 존재가 되도록 사력을 다해야 합니다. 인공지능은 인류 문명사를 끝낼 수도 있습니다."(스티븐 호킹) "적어도 인간 독재자는 언젠가 죽습니다. 인공지능은 아닙니다. 인공지능은 영원히 살 것이며, 이는 인간이 불멸의 독재자를 마주하는 것입니다."(일론 머스크)

　인공지능 개발은 1950년대에 시작되었어요. 앞에서도 잠깐 소개했지만 당시 영국의 천재 수학자 앨런 튜링*은 '기계도 생각할 수 있을까?'라는 질문을 던지며 인공지능의 탄생과 발전을 내다보았죠. 오늘날 인공지능 기술은 사람의 말을 알아듣고, 스스로 판단하며 결정을 내리는 수준에 이르렀어요. 내일의 인공지능은 오늘보다 더 발전할 겁니다. 사람보다 훨씬 똑똑하고, 나아가

★ 1950년 앨런 튜링은 기계가 인간 수준의 지능을 가질 수 있는지 알아보기 위한 시험을 제안했습니다. 튜링 테스트(Turing test)라고 불리는 이 시험은 기계가 인간의 언어로 얼마나 인간답게 대화할 수 있는지를 기준으로 인공지능을 평가하는 척도로 사용되었어요.

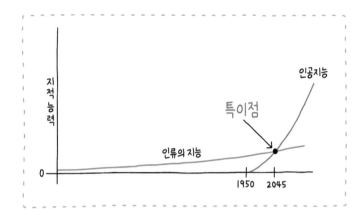

전 인류의 지성을 합한 것보다 뛰어난 인공지능이 등장할 거예요.

위 그래프에서 보듯 인간의 지성은 시간이 갈수록 발전해 왔습니다. 하지만 인공지능의 발전 속도는 인간의 그것보다 훨씬 가파르죠. 따라서 머지않아 인간을 따라잡을 거예요. 이 책의 맨 앞에서도 이야기했습니다만 바로 그때, 즉 인공지능이 마침내 인간의 지적능력을 뛰어넘는 극적이며 되돌릴 수 없는 순간을 가리켜 '특이점' 또는 '기술적 특이점'이라고 합니다.

미래학자 레이 커즈와일은 2045년경이면 기술적 특이점이 찾아온다고 전망했어요. 아주 가까운 미래에 인류 최고의 지성, 나아가 전 인류의 지성을 합친 것보다 더 뛰어난 인공지능이 출현한다는 거죠. 그때부터는 인간이 기술을 발전시키는 것이 아니라 인공지능이, 즉 기술이 기술을 발전시키게 됩니다. 커즈와일은 특이점 이후 인류는 인공지능에 의해 멸종하거나, 인공지능의 도움을 받아 영원히 사는 길로 나아갈 것으로 내다봅니다.

인간보다 뛰어난 인공지능은 사람을 적이라고 생각할까요? 아니면 친구라고 생각할까요? 앞서 스티븐 호킹이나 일론 머스크는 인공지능이 사람을 적대하리라고 전망했어요. 과학 소설이나 SF영화에서도 인공지능은 흔히 인간과 대결하는 존재로 묘사됩니다. 이는 모두 인공지능이라는 미지의 존재에 대한 인간의 공포를 드러내는 것이기도 해요. 하지만 언제까지나 두려움에만 갇혀 있을 수는 없습니다. 조만간 인간을 뛰어넘을 인공지능이 우리에게 어떤 존재일지, 어떤 영향을 미칠지 진지하게 생각해볼 때가 된 것이죠.

인공지능이 우리를 위협할 때

인공지능은 언제, 어떤 방식으로 인간을 위협할 수 있을까요? 우선 악의적 목적으로 개발된 경우를 들 수 있습니다. 송유관 기업 해킹 사건처럼 컴퓨터를 먹통으로 만들어 돈을 요구하는 인공지능 해커가 대표적이에요. 개발자의 선의와 무관하게 피해를 일으킬 수도 있습니다. 인공지능 군사로봇은 군인과 민간인의 희생을 줄이고자 개발되었지만, 실제 전쟁터에 투입된 군사로봇은 적군을 공격하고 그들의 목숨을 앗아갑니다. 특이점 이후의 인공지능 또한 위협적인 존재예요. 인간의 능력을 아득히 초월한 인공지능이 인간을 적대시한다면? 영화에서나 보던 인류의 멸망이 현실이 될지도 모릅니다.

'유토피아'와 '디스토피아'라는 말이 있습니다. 세상 어디에도 다시없을 낙원, 즉 이상향을 가리키는 유토피아는 1516년에 발표된 토마스 모어의 소설 제목이기도 합니다. 유토피아의 반대말인 디스토피아는 가장 어둡고 부정적이며 억압적인 세계, 마치 세상에 다시없을 지옥과 같은 곳을 가리킵니다. 인공지능과 함께하는 세상은 거스르기 힘든 변화입니다. 그렇다면 지금과는 크게 다를 그때의 세상은 과연 유토피아일까요?
아니면 디스토피아일까요?

스마트스쿨을 보는
두 가지 시선

네모난 공간, 교탁에 선 선생님과 책상에 앉은 학생들, 수업 내용으로 가득한 칠판과 책상 위 교과서를 번갈아 보며 들었다 내렸다 하는 고개들, 사각거리는 노트 필기 소리…. 우리에게 익숙한 학교 교실 풍경이에요. 최근 이런 교실의 모습을 바꾸려는 노력이 한창입니다. 인공지능과 사물인터넷 등 첨단 기술을 활용한 '스마트스쿨'이 등장한 것이지요.

스마트스쿨에서는 종이 교과서 대신 태블릿PC 같은 디지털 교과서를 사용하게 될 거예요. 환경을 보호하는 것은 물론, 원격수업·현장수업 등을 진행하는 데 훨씬 편리하기 때문이죠. 이를 위해 전국 각 시도에서는 '1인 1 스마트 기기' 보급에 나서는 등 스마트스쿨을 위한 지원을 늘리고 있습니다.[57] 인공지능을 이용한 개별학습 프로그램도 개발 중이에요. 인공지능이 학생의 문제 풀이를 분석해서 맞춤형 수업 자료를 추천해주는 방식이죠. 초등학교에서 사용하는 '똑똑! 수학탐험대'나 'AI 펭톡' 역시 스마트스쿨의 학습지원 프로그램입니다.

인공지능을 활용한 스마트스쿨은 세계 곳곳에서 찾아볼 수 있습니다. 아랍에미리트의 수도 아부다비에서도 AI 교육 플랫폼이 학교를 바꾸고 있어요. 학생들은 노트북·태블릿 등 휴대 기기를 이용해 공부하고, 인공지능이 그 학습 결과를 분석합니다. 이렇게 모은 학습 데이터는 상급학교 진학 계획의 자료로 활용된다고 해요.[58] 일본의 한 초등학교에서는 몇 년 전부터 인공지능 로봇 '페퍼'가 수업에 함께하고 있습니다. 그동안 혼자서 과제를 하던 학생들은 페퍼와 묻고 답하길 반복하며 자연스럽게 친구들과 이야기할 기회도 늘었다고 해요. 인공지능 로봇의 존재가 학생들끼리의 소통에도 도움이 된 셈이죠. 또 페퍼의 동작을 직접 지시하고 제어해보는 체험학습을 통해 성취감과 자신감을 키운다고 합니다.[59] 중국에서는 인공지능 로봇이 학생들의 건강 상태를 점검해줍니다. 성적을 분석하고, 안면인식 기능을 이용해 출석 체크를 하는 건 기본이지요.[60]

이렇듯 가상현실, 증강현실, 사물인터넷 등의 첨단 기술과 결합한 인공지능이 수업시간은 물론 교실 안팎에서의 생활 풍경까지 바꾸고 있습니다. 시간이 흐를수록 변화는 더욱 가팔라질 거예요. 한마디로 스마트스쿨은 시대적·세계적 흐름인 셈이죠. 그러나 교육 현장에서는 인공지능을 적극 도입하는 데 반대하는 목소리도 적지 않습니다. 지금까지 살펴본 대로 인공지능 기술의 위험성이 아직 해결되지 않았기 때문이에요. 스마트스쿨로의 변화를 직접 경험하고 있는 여러분은 어떻게 생각하나요?

그래

스마트스쿨,
거스를 수 없는 대세!

편리한 학교생활

인공지능 기술은 사람의 생활을 편리하게 만드는 쪽으로 발전하고 있습니다. 예컨대 사물인터넷 기술과 결합한 인공지능 스마트홈 시스템은 에어컨, 텔레비전, 세탁기, 조명 등 집안의 모든 기기와 환경을 자동으로 관리할 수 있어요. 날씨는 물론 사람의 움직임까지 인식해서 실내 온도와 습도, 채광을 조절하죠. 전기사용량에 맞춰 기기의 작동을 제어하니 에너지도 절약할 수 있습니다.[61]

이런 스마트홈 기술이 학교에 적용된다면 어떨까요? 무엇보다 생활이 편리하고 여유로워질 거예요. 아직까지는 선생님과 학생 등 학교의 구성원이 직접 쓸고 닦고 환기하면서 일일이 환경을 관리해야 하죠. 인공지능을 탑재한 스마트스쿨 시스템이 이를 대신해준다면 공부와 동아리 활동 등 보다 중요한 일에 시간과 관심을 쏟을 수 있을 겁니다.

안전하고 즐거운 학교

요즘도 학교에 외부인이 무단침입해 소란을 일으켰다는 뉴스가 심심찮게 들려옵니다. 학교는 생각보다 보안에 취약해요. 여전히 자물쇠 하나로 교실을 관리하는 곳도 많죠. 학교보안관 제도가 있다지만 수상한 사람이 학부모나 방문객으로 속이고 들어오는 걸 완벽하게 막아내기는 쉽지 않아요. 하지만 안면인식 인공지능이 관리하는 학교라면 다릅니다. 얼굴 정보가 등록된 사람에게만 출입문이 열리죠.[62] 그래서 아무나 학교에 들어오는 걸 막고, 혹시 모를 위험에도 대비할 수 있습니다. 훨씬 안전한 학교가 되는 거예요.

또한 인공지능 기술은 학교를 더욱 즐거운 공간으로 바꿀수 있습니다. 앞서 소개한 아랍에미리트와 일본의 학생들은 기존의 수업 방식보다 인공지능을 활용한 수업을 훨씬 선호한다고 해요. 종이 교과서만 볼 땐 나 혼자서 공부하는 기분이지만, 로봇 등 인공지능 교육 플랫폼을 이용하면 쉽게 의견을 나누고, 문제 풀이에 대한 피드백도 바로 받아볼 수 있기 때문이죠. 한마디로 누군가와 함께한다는 유대감을 얻는 거죠. 여기에 개인별 실력과 취향을 고려해 교재를 찾아주는 등 맞춤식 학습 프로그램을 제공하기에 만족도가 더욱 높다고 해요.

아닌이

아직은 위험한
기술이에요!

해킹에 속수무책

편리할 것만 같은 인공지능 스마트홈 기술에도 문제가 있습니다. 바로 해킹의 위협이에요. 미국에서는 해커가 가정집의 스마트홈 시스템에 침입해 집안을 엿보고 실내 온도까지 마음대로 조절하는 사건이 잇따르고 있어요. 몇몇 해커는 스마트홈에 연결된 스피커를 통해 아이에게 말을 걸며 집안을 공포로 몰고 가기도 했습니다.[63]

이렇게 모든 시스템을 한꺼번에 관리한다는 스마트홈의 장점이 때론 치명적 위협이 될 수도 있어요. 제조사와 무관하게 리모컨 센서만 등록하면 모든 가전제품을 제어할 수 있는 무선 컨트롤 앱도 존재합니다.[64] 누군가가 이 기술을 악용하려고 들면 교실 안의 기기를 조작해 학생들을 불안하게 만들 수도, 심지어 신체에 해를 입힐 수도 있습니다.

따라서 편리하다는 이유만으로 대비책 없이 스마트홈 시스템을 학교에 도입하는 건 위험합니다. 기존의 학교 시스템은 각종 돌발상황에 따라 나름의 안전 매뉴얼을 준비해두고 있어요. 예측 가능한 여러 문제를 경험하고 대비하면서 쌓은 노하우입니다. 반면 스마트홈 기술은 이제 막 알려져 가는 단계로, 문제점과 위험성이 충분히 검증되지 않았어요. 시스템이 해킹되면 학교 안의 인력으로는 대응할 방법이 마땅찮다는 것도 문제예요. 특히 안전사고는 한번 터지면 피해를 회복하기 힘든 경우가 많지요. 스마트스쿨을 하지 말자는 주장이 아닙니다. 해킹 등의 위협을 예방하고 그에 대처할 수 있는 매뉴얼 마련이 우선이라는 것이죠.

인공지능에 휘둘리는
우리의 몸과 마음

인공지능 기술이 학생의 건강을 해칠 수 있다? 무슨 뜻일까요? 스마트스쿨에서는 태블릿 컴퓨터 등을 이용해 수업을 진행해요. 그런데 태블릿이나 스마트폰 등 전자 기기 모니터를 하루 2시간 이상 보는 어린이·청소년(9~17세)은 그 미만인 경우보다 고도비만이 될 위험이 3배가량 높다고 합니다.[65] 스마트스쿨이 완전히 정착하면 학생들은 학교에서만 적어도 4시간 이상 모니터 화면을 들여다보게 돼요. 그만큼 건강에 악영향을 끼치게 되겠죠.

인공지능이 통제하는 기계는 사람의 신체에도 해를 입힐 수 있어요. 미국에서는 쇼핑몰을 순찰하던 보안 로봇이 16개월 된 아기를 들이박는 사고가 일어났습니다. 중동국가 예멘에서는 결혼식장으로 향하던 차량이 드론(무인기)의 공격을 받아 여러 명이 죽는 참사가 벌어지기도 했어요.[66] 두 사건 모두 로봇이나 무인기를 컨트롤하는 인공지능이 오류를 일으키며 발생했습니다. 학교에서 각종 장치나 로봇을 관리할 스마트스쿨 인공지능이 비슷한 실수를 저지르지 않는다고 장담할 수 있을까요?

인류 문명사에 대한 관찰과 전망을 이야기하는 책《사피엔스》(2015). 저자인 유발 하라리 교수는 역사학자로, 특히 인공지능과 인간의 관계에 주목해왔습니다. 그는 가까운 미래에 인간의 감정이 감정 없는 인공지능에 휘둘리게 될 것이라고 내다봅니다.[67] 실제로 인공지능의 판단은 사람의 생각과 감정의 변화에 적잖은 영향을 미쳐요. 소셜미디어의 인공지능 알고리즘이 내 취향에 맞춰 추천해준 콘텐츠를 이용할수록 편향된 사고에 빠지는 경우가 대표적이죠. 2016년 미국 대통령선거에서는 특정 후보 진영의 정치 컨설팅 업체가 표심을 자극해 선거 결과에 큰 영향을 미친 사실이 보도되기도 했습니다. 페이스북 이용자의 개인정보와 데이터 공유 플랫폼을 이용해 상대 후보를 비방하는 콘텐츠를 퍼뜨리며 여론을 조작한 거예요.[68]

학교에서도 마찬가지예요. 인공지능을 활용한 스마트스쿨의 교육 방식이 원래 의도한 효과와 별개로 학생들의 사고와

정서에 어떤 영향을 미칠지는 미지수입니다. 아직 알 수 없다면 조심스럽게 접근해야 해요. 특히 학생들의 안전과 건강이 걸린 일이라면 신중함은 아무리 강조해도 지나치지 않습니다.

더 생각해 볼까요?

지금까지 인공지능의 위험성에 대해 알아보았습니다. 세상에 완벽한 것은 없는 법이죠. 인공지능 기술 역시 그 편리함을 충분히 활용하되 발생 가능한 문제를 예방하고 피해를 줄이려는 노력이 중요할 거예요. 아래 질문을 통해 학교에서 인공지능을 올바르게 활용하는 방안을 고민해봅시다.

✦ 5년 뒤 학교에서 인공지능 기술은 어떤 모습으로 활용될까요? 그때 일어날 법한 문제로는 어떤 것들이 있을까요?

✦ 위의 질문을 통해 예상되는 문제에 대처하기 위해서는 어떤 준비가 필요할까요?

7

인공지능, 우리 사회의 문제를 해결할 수 있을까요?

AI와 사회통합

난자 하나에, 태아 하나에, 성인이 하나 — 그것이 정상이다. 전에는 겨우 한 명이 자라났지만 이제는 96명의 인간이 생겨나게 만든다. 그것이 발전이다. (…) 하지만 학생 한 명이 그만 어리석게도 그래서 무슨 이득이 생기느냐는 질문을 했다.

"이봐, 학생!" 국장이 그를 향해서 휙 돌아섰다.

"사회 안정을 위한 주요 수단들 가운데 하나라고!" 획일적으로 떼를 지어 태어나는 표준형 남자들과 여자들. 단 하나의 난자로부터 생산된 인력으로 몽땅 운영되는 공장. "96개의 똑같은 기계에서 96명의 일란성 쌍둥이들이 일한다!"

(…)

"매분 회전수를 줄이는 거예요." 포스터가 말했다.

"대용 혈액이 보다 천천히 돌아가고, 따라서 폐를 통과하는 간격이 더 길어지면 태아는 산소를 덜 공급받게 됩니다. 태아를 정상 이하의 상태로 유지하려면 이 방법이 최선입니다. (…) 계급이 낮으면 낮을수록 산소를 더 적게 공급합니다."

"하지만 뭐하러 태아를 정상 이하의 상태로 유지합니까?" 어느 순진한 학생이 물었다.

"엡실론은 인간의 지능이 필요하지 않습니다." 포스터가 아주 당연한 듯 말했다.

영국 소설가 올더스 헉슬리의 대표작 《멋진 신세계》(1932)의 한 대목이에요. 이 작품 속 사회는 다섯 계급—알파, 베타, 감마, 델타, 엡실론—으로 나뉩니다. 알파는 엘리트 계층이에요. 이른바 사회 지도층이죠. 베타는 중산층에 해당하며 행정 업무를 맡습니다. 감마는 하류층이고, 그 아래에는 델타와 엡실론이 있습니다. 단순 노동을 담당하는 노예 계급이죠. 델타와 엡실론에 속하는 사람은 지적장애를 가진 채 태어나게끔 '설정'되어 있어요. 인용한 대목이 바로 인위적으로 장애를 일으키는 장면입니다. 이 작품에서 인간은 부모의 품에서 태어나는 것이 아니라 과학기술과 기계의 손으로 '생산'되며, 일생을 사회의 부품으로 살아가게 됩니다. 모든 인간은 태아 단계에서부터 조건반사와 수면암시를 통해 자신의 계급에 맞춰 살아가도록 세뇌 교육을 받습니다. 한마디로 사람이 만든 과학기술이 사람을 억압하고 세상을 불평등하게 만드는 디스토피아. 이것이《멋진 신세계》의 세계관입니다.

《멋진 신세계》와 앞서 소개한 조지 오웰의《1984》는 장밋빛 전망으로 가득했던 미래 세상에 긴 그림자를 드리웠습니다. 두 작품 이후 과학기술의 발전이 세상을 더 불행하게 만들지도 모른다는 비관적 예측이 많은 사람의 머릿속에 뿌리내렸어요. 핵무기와 살충제 등 기술 개발자의 의도와 무관하게 악용된 사례들이 그런 걱정을 뒷받침하기도 했죠. 그렇다면 우리가 이야기하고 있는 인공지능 기술은 어떨까요? 이제 과학기술 본연의 목적인 더 나은 세상, 구체적으로는 평등과 사회통합을 위한 인공지능의 역할과 가능성을 고민해보는 것으로 이 책을 마무리할까 합니다.

잃어버린 목소리를 찾아주는 AI

앞에서 잠깐 소개한 물리학자 스티븐 호킹은 젊어서부터 온몸의 근육이 서서히 마비되는 루게릭병(근위축성측색경화증)을 앓았습니다. 이 병에 걸리면 근력이 약해져서 음식물을 삼키거나 말하는 것이 힘들어져요. 점차 혼자 힘으로 일어날 수도 없게 되고, 나중에는 숨 쉬는 데 필요한 호흡근까지 마비되어 사망에 이르는 무서운 병입니다. 그런데 루게릭병을 앓더라도 의식과 감각은 정상이라고 해요. 덕분에 호킹은 신체적 핸디캡에도 불구하고 탁월한 학문적 성취를 이루어냈죠. 한편으로 그가 수십 년간 저명한 학자이자 세계적 명사로 활동할 수 있었던 데는 나날이 진보해온 과학기술의 도움도 무시할 수 없습니다.

스티븐 호킹처럼 루게릭병을 앓거나 언어 장애가 있어서 대화를 나누는 데 애를 먹는 이들을 위해 눈짓으로 의사소통하는 기술이 존재합니다. 핵심은 눈동자의 움직임을 인식하는 인공지능, 그리고 텍스트를 말소리로 변환하는 음성합성 기술이에요. 과정은 이렇습니다. 이용자의 스마트폰 또는 모니터 화면에는 그가 자주 쓰는 단어가 나열되어 있어요. 그중 필요한 것을 골라 응시하면 화면의 센서가 이를 인식하고, 해당 단어를 음성 또는 문장으로 자동완성해 표현합니다. 인공지능은 사용자가 즐겨 쓰는 낱말과 문장을 학습하기에 소통은 갈수록 원활해집니다.

오늘날 스마트 시스템은 대부분 음성인식으로 작동해요. 간단한 말로 기계에 명령을 내릴 수 있죠. 애플의 '시리'나 삼성의 '빅스비'와 같은 서비스가 대표적이에요. 그런데 말로 명령하기 힘든 언어·청각 장애인에겐 이 기술이 무용지물이에요. 모두를 위해 만들어진 기술이지만 누군가는 장애 등을 이유로 사용이 어렵다면, 그 사회는 평등하다고 보기 힘듭니다. 그래서 대안으로 개발된 게 수화 인식 인공지능이에요. 카메라와 연동된 인공지능이 장애인의 수화를 인식한 뒤 문자나 음성으로 바꿔서 상대에게 전달하는 방식이죠. 이처럼 인공지능 기술은 그간 사회적 소수자·약자가 부당하게 겪어온 불편과 그에 따른 사회적 불평등을 극복하는 데 기여하고 있습니다.

바이러스 퇴치를 돕는 AI

2020년 이후 수년째 세계는 코로나19로 고통받아왔습니다. 초기에 사람들은 이 바이러스를 대수롭지 않게 여겼어요. 한때 유행하고 잦아들 병으로 생각한 거죠. 그렇지만 인공지능 블루닷(BlueDot)의 판단은 달랐습니다. 각국의 감염병 현황을 분석해 예측모델을 제공하는 이 인공지능은 누구보다 먼저 바이러스의 전 세계적 대유행, 즉 팬데믹을 경고했어요. 블루닷의 예측은 현실이 되었고, 변이 바이러스가 잇달아 등장하면서 우리의 일상을 고통스럽게 만들었습니다.

전 세계적 유행이라지만, 사람들이 느끼는 위험의 정도는 각자의 사회적·경제적 처지에 따라 크게 다릅니다. 의료 서비스를 충분히 누릴 수 있다면 바이러스에 감염되더라도 금세 회복하겠지만, 그렇지 못한 이에겐 생사를 넘나드는 문제가 되기도 합니다. 그래서 각국 정부는 감염병 예방을 위해 여러 정책을 펴고 있는데요. 여기에도 인공지능이 활약합니다. 바이러스의 확산 경로 및 추세를 예측할 뿐만 아니라 적절한 대응책 마련을 돕는 것이죠.

경제협력개발기구(OECD)도 코로나19를 비롯한 감염병 관리에서 인공지능의 역할을 높이 평가합니다. 인공지능은 무엇보다 특정 바이러스의 확산 가능성을 예측할 수 있습니다. 급증하는 환자를 관리하는 데도 요긴하죠. 한국에서는 감염 또는 감염자와의 접촉으로 자가격리에 들어간 이들을 위해 'AI콜'이라는 인공지능 기술이 동원되었어요. 정해진 시간에 격리자에게 전화를 걸어 건강 상태를 확인하는 서비스예요. 그 밖에 의료 및 구호물자의 보급에 AI 로봇이 이용되는 등, 전 지구적 재난 상황에서 인공지능은 제 역할을 톡톡히 해냈습니다.

식량위기를 해결하는 AI

"21세기에도 수백만 명(대부분은 어린이들)이 심각한 영양실조와 기근으로 고통받고 있다는 사실은 세계적인 비극입니다." 김용 세계은행 총재가 한 말이에요. 믿기지 않겠지만 오늘도 1분마다 11명이 굶주림과 영양실조로 죽어가고 있어요. 2021년 국제구호개발기구 옥스팜에 따르면 식량위기에 놓인 인구는 1억5500만 명에 달합니다.[69]

세계 여러 국가와 단체의 노력에도 불구하고 식량위기는 해결될 기미가 보이지 않습니다. 이것은 무엇보다 식량이 언제, 어디서, 얼마나 부족할지 알기 힘들기 때문이에요. 즉 식량 위기는 단순히 생산량의 문제가 아니라 세계 경제 상황에 따른 급격한 가격 변동, 기후 변화, 전쟁 등 수많은 변수가 복잡다단하게 얽힌 결과입니다. 따라서 바꿔 생각하면 식량 부족을 정확히 예측할 수만 있다면 더 많은 목숨을 살리는 게 가능해요.

이를 위해 세계은행, 유엔, 국제적십자위원회 등 국제기구와 마이크로소프트, 구글, 아마존과 같은 기업이 힘을 합쳐 '기근 행동 메커니즘'(Famine Action Mechanism, FAM)이라는 프로젝트를 시작했습니다. FAM에는 고도의 알고리즘을 활용한 기근예측모델이 포함되어 있어요. 물론 과거에도 식량 부족을 예측하는 도구는 존재했습니다. 하지만 각 지역의 정치·경제적 변수, 강수량 등의 기후 변화와 농작물의 작황, 가격 변동과 같은 다양한 요소를 모두 반영하는 데는 한계가 뚜렷했어요. 이에 비해 FAM의 인공지능 기술은 훨씬 방대한 데이터를 학습하며, 그 데이터의 패턴을 분석해냅니다. 이를 통해 정치·경제·기후 변수를 두루 고려해 식량위기를 예측하고 대응하는 것이죠.

인공지능과
'멋진 신세계'

올더스 헉슬리의 《멋진 신세계》에는 버나드와 존이 등장합니다. 버나드가 살아가는 세상은 앞서 소개했듯 다섯 계급으로 나뉜 사회죠. 이곳 사람들의 계급을 결정하는 것은 고도로 발달한 과학기술이에요. 버나드는 가장 높은 계급인 '알파'에 속합니다. 하지만 존이 사는 세계는 다릅니다. 과학기술이 계급을 통제하지도 않고, 사람이 기계의 손에서 생산되는 게 아니라 인간과 인간의 자연스러운 관계 속에서 태어나는 사회죠. 버나드의 사회는 스스로를 '문명'으로, 이곳을 '야만인 보호 구역'으로 구분 짓습니다. 그러던 어느 날 버나드가 존을 자신의 사회로 데려오면서 여러 이야기가 펼쳐지게 됩니다.

《멋진 신세계》에서 과학기술은 세상을 이롭게 하는 수단이 아니에요. 오히려 태어날 때부터 계급을 부여하고, 한평생 거기에 맞춰 기계처럼 살아가도록 만드는 데 이용되죠. 이를 통해 몇몇 높은 계급의 배만 불리는 불평등한 사회가 유지되는 것이죠. 결국 '멋진 신세계'란 인간이 만든 과학기술이 인간에게 고통을 안기는 지옥 같은 세상에 대한 반어적 표현인 셈입니다.

다행스럽게도 우리가 사는 세계는 올더스 헉슬리의 세계와는 다릅니다. 몸이 불편한 사람들의 눈·귀·입이 되어주는 인공지능, 코로나19 대유행으로 거리두기와 비대면 생활을 하는 사람들을 돕는 인공지능, 세계 각지의 식량위기에 맞서는 인공지능이 우리 곁에 있어요. 이러한 인공지능은 모두 헉슬리의 세계와는 정반대의, 글자 그대로의 '멋진 신세계'를 만들어 가고 있습니다.

그러나 헉슬리의 경고를 100년 전 소설가의 흘러간 상상으로만 취급하는 건 섣부른 판단입니다. 해킹 등의 범죄, 그리고 권력의 감시와 독재에 이용되는 인공지능은 우리가 사는 세계를 한순간에 불신과 불평등으로 몰고 갈 수 있기 때문이에요. 결국 인공지능은 '양날의 칼'에 비유할 수 있어요. 손잡이 양쪽에 칼날이 달린 이 무기가 적을 베는 동시에 나를 찌를 수 있듯, 인공지능도 사용하는 목적과 방식에 따라 유토피아를 만들 수도, 디스토피아를 만들 수도 있는 기술입니다.

한국의 교육열과 커져가는 교육불평등

한국인은 교육열이 높은 것으로 유명합니다. 부모들은 어떻게든 자녀에게 최상의 교육기회를 주기 위해서 투자를 아끼지 않죠. 여러분도 '명문 학군'이라는 말을 들어봤을 거예요. 좋은 학교가 모여 있고 그 주변으로 학원가가 들어선, 그래서 교육환경이 좋다고 소문난 지역을 가리키는 말이에요. 명문 학군일수록 집값도 높습니다. 맹자의 어머니가 아들이 공부하기 좋은 환경을 찾아 세 번이나 이사했듯, 한국의 부모들도 유명 학군에서 살기 위해 기를 쓰고 노력해요. 그러다 보니 이른바 명문 고등학교들이 몰려 있는 서울 강남구의 서울대 합격률이 강북구의 21배에 달할 정도로 지역 간 학력 격차, 즉 교육불평등이 크게 벌어졌습니다.[70]

대도시와 농·산·어촌 간 학력 격차도 갈수록 커지고 있습니다. 주요 과목인 국어·수학·영어의 학업성취도를 비교해보면 평균 점수 이상의 학생은 대도시에 많이 살고, 기초학력에 못 미치는 학생 비율은 읍·면 지역에서 높은 것으로 나타났어요.[71] 이렇게 지역별로 교육불평등이 벌어지는 원인으로 사교육을 들 수 있습니다. 우리나라의 공교육, 즉 학교 수업은 지역에 상관없이 비슷한 수준에서 이뤄지고 있다고 보면, 학원 등을 통한 사교육을 얼마나 받느냐에 따라 격차가 생긴다는 것이죠. 실제로 대도시의 학생이 농·산·어촌의 학생보다 주당 2시간의 사교육을 더 받고 있다고 해요.[72]

여러 자료를 종합하면 고소득·고학력층 부모일수록 자녀 교육에 투자를 많이 하는 경향을 보입니다. 따라서 그런 집안의 학생은 상위권 대학에 진학할 가능성이 큽니다. 반대로 경제력이 부족한 가정의 학생은 그만큼 좋은 대학에 들어갈 확률이 떨어지겠죠. 이런 흐름이 이어지면 사회가 건강하게 유지되기 어렵습니다. 스스로 어쩔 수 없는 조건과 환경 앞에서 학생들이 쉽게 좌절하고 포기하기 때문이에요. 어차피 안될 거라는 생각에 시도조차 하지 않는 것이지요. 그래서 정부에서는 지역균형 선발제도 등을 마련해 저소득층과 농·어촌 지역 학생을 배려하고 있어요. 하지만 이런 제도만으로는 입시 결과의 불균형을 일부 조정할 뿐, 경제력과 사는 지역의 차이가 만들어내는 교육불평등 자체를 해결하지는 못합니다.

AI 과외 선생님은 교육불평등을 줄일 수 있을까요?

이런 격차를 줄이는 방안으로 주목받고 있는 게 바로 학습용 인공지능이에요. 과목별 맞춤형 프로그램을 통해 학생이 시간과 장소에 구애받지 않고 학습을 할 수 있도록 돕는 거죠. 국어 학습용 인공지능은 책을 추천해줍니다. 학생의 취향과 적성을 분석해 유익한 책을 골라주는 거죠. 이 인공지능은 학생과 독후감을 주고받는 대화 기능도 준비하고 있어요.[73]

수학 학습용 인공지능도 있습니다. '똑똑 수학탐험대'는 수준별 콘텐츠를 제공하면서 개인 학습 이력까지 관리해주는 수업지원 시스템이에요. 다양한 교과·탐험활동과 각종 수업 교구를 통해 수학을 어려워하는 학생도 즐겁게 공부를 시작할 수 있도록 도와줍니다. 심화 학습이 필요한 학생에겐 높은 수준의 평가 문제를 제공해요. 학업 성취도와 학습 데이터를 분석해서 가장 효과적인 공부 방법을 안내하는 거죠.[74]

영어 학습용 인공지능도 개발되어 있어요. EBS(한국교육방송)는 인기 캐릭터 '펭수'가 등장하는 AI펭톡이라는 프로그램을 만들었어요. 인공지능 학습 메이트(친구) 펭수와 함께 여행하는 기분으로 여권을 만들고 원하는 주제를 골라 대화하면서 공부하는 방식이에요. 단어와 문장을 익히는 것은 물론 발음 교정도 받을 수 있죠. 카메라로 주변 사물을 찍으면 그에 해당하는 영어 단어를 원어민의 음성으로 들려주는 기능도 있어요. 학습을 마치고 나면 도장과 별점 등을 받고, 자신의 순위도 확인할 수 있답니다.[75]

우리나라 교육부는 맞춤형 학습관리 인공지능 도입을 늘리겠다고 밝혔습니다. 현재는 초등학교에서만 사용되고 있지만, 머지않아 중·고등학교에도 인공지능을 활용한 학습관리 시스템이 등장할 거예요. 국어·영어·수학 등 주요 교과에 머물러 있는 지원 과목도 다양해질 예정입니다. 이러한 계획에는 인공지능 학습관리 시스템이 우리 사회의 학력 격차를 줄이는 데 유용하다는 판단이 담겨 있습니다. 여러분의 생각은 어떤가요? 인공지능이 이 문제를 해결할 수 있을까요?

AI와 함께라면
어디서든 공부할 수 있어요!

명문 학군이 부럽지 않아요

앞에서 명문 학군과 다른 지역 사이에 발생하는 교육의 차별을 이야기했습니다. 지역에 따라 사교육을 받는 시간과 질이 다르고, 그 차이가 학력 격차로 이어진다고 말이죠. 그런데 학습관리 인공지능은 학생이 사는 장소와 관계없이 양질의 맞춤형 프로그램을 제공합니다. 따라서 학습관리 인공지능이 전국의 학교에서 활용된다면, 명문 학군으로 이사 가지 않아도 필요한 교육을 충분히 받을 수 있어요. 자연스럽게 지역 간 학력 격차도 줄어들게 되겠죠.

농촌 지역에서는 원격교육 시스템을 도입하기도 합니다. 집과 학교가 멀리 떨어진 경우에는 이렇게 등·하교 시간을 줄이는 것만으로도 교육 효과를 높일 수 있습니다. 원격교육은 또래 학생 수가 적은 학교·지역끼리 단체 학습을 진행할 때도 유용해요.[76] 이런 원격교육 시스템에 학습관리 인공지능을 결합하는 건 어떨까요? 그래서 언제 어디서든 저마다의 성향과 실력에 맞는 학습이 이뤄진다면, 교육불평등 해소에도 큰 도움이 될 거예요.

가장 소외된 학생의
친구이자 교사

저출산 흐름이 계속되면서 우리나라 인구가 줄어들기 시작했다는 뉴스를 들어봤을 거예요. 하지만 아직까지 학급당 학생 수는 적지 않답니다. 우리나라 초·중·고등학교 10곳 가운데 4곳이 OECD 회원국의 평균 학급당 학생 수(23명, 2021년 기준)보다 많은 것으로 집계되었어요. 과밀학급(초등학교는 학급당 32

명, 중·고등학교는 학급당 36명 이상)도 전국적으로 500여 개에 이른다고 하죠.[77]

교사 한 명이 30명 넘는 학생을 가르치다 보면 아무래도 개개인의 특성을 파악하기 힘들 거예요. 게다가 중학교부터는 과목별 교사 한 명이 100명 이상의 학생들을 상대하기에 개별적이고 세세한 지도가 더욱 어렵습니다. 그렇지만 맞춤형 학습관리 인공지능을 도입하면 어떨까요? 일대일로 교육받기 어려운 과밀학급에서도 부족한 부분을 보충하는 데 큰 도움이 될 거예요. 이를 통해 한 과목 한 과목 본인이 정한 목표에 다가설 수 있을 테고요.

부모가 자녀의 교육을 챙기기 어려운 경우도 많습니다. 맞벌이 가정, 조부모가 어린 손자녀를 돌보는 조손 가정, 다문화 가정, 다자녀 가정 등은 더욱 그렇지요. 코로나19 대유행 이후 학교에 가지 못한 채 집에 머무는 시간이 늘면서 이런 가정 형편의 차이가 교육의 불평등을 더욱 키우고 있어요. 자기 스스로 학습관리가 가능하다고 보는 고등학생들 사이에서도 상위권과 그 아래 학생들 간 학력 격차가 커졌다고 해요. 이에 모든

연령대 학생을 대상으로 가정학습을 지원하는 방안이 요구되고 있습니다.[78]

맞춤형 학습관리 인공지능은 이런 가정학습에도 아주 효과적입니다. 일터에 나가는 부모님 대신 학생의 공부를 살펴주고, 부족한 부분은 맞춤식 학습 콘텐츠로 채워줄 수 있거든요. 또한 그런 과정에서 쌓인 빅데이터는 '교육 취약계층'을 한발 앞서 파악하고 지원하는 데 활용할 수 있습니다. 학생의 성적과 학습 능력 변화를 기록한 데이터를 분석해서 학업 중단 등 상황이 더 나빠지기 전에 대응하는 시스템을 만드는 것이죠. 이처럼 맞춤형 인공지능은 학교와 가정에서 학습관리의 사각지대에 놓인 학생들에게 훌륭한 학업의 동료이자 교사가 되어줄 수 있습니다.

더 큰 학력 격차로
이어질 수 있어요!

다 같은 인공지능이 아니에요

하지만 맞춤형 학습관리 인공지능이 교육불평등 해소에 도움
이 되지 못할 것이라는 전망도 만만치 않아요. 무엇보다 모든
학교와 학생이 같은 성능의 인공지능을 사용하지는 않을 것이
기 때문이죠. 이미 사교육 기업들은 빅데이터 및 각종 스마트
기기를 인공지능과 연계한 학습관리 서비스를 다양하게 내놓
고 있습니다. 인터넷·대면 강의뿐만 아니라 실시간 오답 노트
와 피드백, 증강현실을 활용한 다양한 콘텐츠 등으로 무장한

디지털 사교육 상품들이죠. 교육부에서 무료로 제공하는 학습 관리 인공지능과 비교해도 모자람이 없고, 오히려 앞선 부분도 많아요. 이렇게 성능이 뛰어날수록 더 효과적인 학습관리를 기대할 수 있겠죠. 물론 비용도 그만큼 올라갈 거예요.

그렇다면 학습관리 인공지능을 이용하는 것 역시 결국 부모의 경제력에 따라 격차가 생길 가능성이 큽니다. 실제로 지금까지 교육용 AI 프로그램 개발은 사교육 시장이 주도해왔고, 학교가 도입한 시스템 역시 대부분 사기업에서 만든 것들이에요. 초등학생용 인공지능 학습 프로그램을 사용하려면 해마다 140~180만 원가량의 비용을 내야 하죠.[79] 아무리 뛰어난 학습관리 인공지능이라도 부유한 학생만 쓸 수 있다면, 학력 격차는 오히려 더 벌어지기 쉬울 거예요. 이런 점을 들어 전문가들은 인공지능을 도입하는 것만으로는 학력 격차를 줄이기 어렵다고 지적합니다.

같은 인공지능이라도
쓰는 사람에 따라 결과가 달라져요

인공지능은 어디까지나 도구입니다. 똑같은 도구라도 어떻게 사용하느냐에 따라 효과가 달라지죠. 스마트폰이 어떤 사람에게는 재미있는 게임기일 뿐이지만, 다른 어떤 사람에겐 세상의 지식과 정보를 막힘없이 찾아주는 백과사전인 것처럼요. 성적이 좋은 학생일수록 무턱대고 달달 외우기보다는 어떤 식으로 공부할지 계획과 전략부터 꼼꼼히 세우는 경우가 많다고 합니다. 똑같은 시간을 들여도 어떤 전략으로 공부하느냐에 따라 결과가 달라지겠지요.

학습관리 인공지능도 마찬가지예요. 똑같은 성능이라고 해도 활용하는 사람의 능력에 따라서 효과와 결과는 다르게 나타날 거예요. 그리고 그 활용 능력은 대체로 기존 성적에 비례하기 쉬울 거예요. 이런 이유로 학습관리 인공지능은 학업에 도움을 주는 것은 분명하지만, 학력 격차를 해결하는 데는 한계가 있습니다.

지금까지 인공지능을 활용해 세상의 오랜 문제들을
해결할 수 있을지 이야기해봤어요. 이 가운데 특히
교육불평등과 인공지능의 관계에 대해 좀 더 고민해보도록 해요.

✦ 학력 격차를 줄이기 위한 인공지능 활용 방안으로는 또 어떤 것들이
있을까요?

✦ 한국 사회를 넘어 전 세계 차원에서 바라볼 때, 인공지능의 활용은
교육불평등과 어떤 관계가 있을까요?

1 〈"할머니 약 드셔야죠" 반려로봇 '효돌'〉,《아시아경제》, 2021년 5월 4일.

2 〈美·英 주요대학 'AI 조교' 도입…국내선 '수포자 막는 인공지능'〉, 《문화일보》, 2020년 11월 11일.

3 〈아이와 대화하고 춤추고…돌봄 공백 메꾸는 AI 로봇〉, 《연합뉴스TV》, 2021년 5월 4일.

4 〈"미래의 어린이, 로봇-사람 구별 못할 것"〉,《서울신문》, 2016년 5월 5일.

5 〈[영상] "그만 싸우자" 말다툼하는 중국 AI 로봇들〉,《연합뉴스》, 2021년 1월 3일.

6 〈[과학] 변호사로 취직한 로봇…뉴욕서 첫 'AI 변호사' 탄생〉, 《YTN》, 2016년 5월 17일.

7 〈로봇과 결혼하는 사람들…"30년 뒤엔 인간·로봇 결혼 합법화" 주장까지〉,《조선비즈》, 2017년 5월 8일.

8 〈NHS gives Amazon free use of health data under Alexa advice deal〉,《The Guardian》, 2019년 12월 8일.

9 〈인공지능과 안면인식으로 위구르족 추적하던 업체, DB 노출시켜〉, 《보안뉴스》, 2019년 2월 19일.

10 〈China's Efforts to Lead the Way in AI Start in Its Classrooms〉,

《The Wall Street Journal》, 2019년 10월 24일.

11 〈코로나19 발열 확인에 얼굴인식 AI가 결합한 이유〉,
    《동아사이언스》, 2020년 6월 30일.

12 〈다양한 목적으로 사용되는 CCTV가 범죄자를 잡기 위해 하나로
    통합된다?〉, 《YTN 사이언스》, 2018년 6월 5일.

13 〈얼굴이 '신분증' 되는 사회…"사생활 없어진다"〉, 《MBC
    뉴스데스크》, 2019년 5월 2일.

14 〈공공장소에서 흔히 볼 수 있는 CCTV, 학교 안에도 설치해
    주세요!〉, 《NATV 국회방송》, 2020년 11월 5일.

15 〈생활 속 AI 얼굴인식 기반의 보안과 미래〉, 《CCTV뉴스》, 2021년
    6월 21일.

16 〈생활 속 AI 얼굴인식 기반의 보안과 미래〉, 《CCTV뉴스》, 2021년
    6월 21일.

17 〈일상 파고든 CCTV…"사생활 침해" vs "안전상 불가피"〉, 《JTBC
    뉴스》, 2017년 11월 6일.

18 〈코로나19 발열 확인에 얼굴인식 AI가 결합한 이유〉,
    《동아사이언스》, 2020년 6월 30일.

19 〈중국 안면인식 결제 '구멍'…얼굴 사진 30원에 불법 거래〉, 《JTBC
    뉴스》, 2020년 10월 28일.

20 〈"내 카톡 대화가 왜?"…이루다 AI, 개인정보 유출 논란〉, 《MBN》,
    2021년 1월 11일.

21 〈흑인 얼굴 구별 못한 AI… 안면인식 인종차별 논란〉, 《동아일보》,
    2020년 12월 31일.

22 〈편견·차별 부르는 AI 알고리즘…해법은 있을까〉, 《한겨레》,
    2019년 10월 27일.

23 〈편향된 AI는 건강에 해로울 수 있다―알고리즘 공정성을 높이는 방법〉,《국가생명윤리정책원》, 2021년 3월 12일.

24 〈성차별: 아마존, '여성차별' 논란 인공지능 채용 프로그램 폐기〉,《BBC뉴스 코리아》, 2018년 10월 11일.

25 〈직원도 인공지능 'AI'가 뽑는다…우려는?〉,《KBS 뉴스》, 2018년 10월 17일.

26 〈'AI가 입사 면접' 100개 기업 도입…대학 입시에도?〉,《KBS 뉴스》, 2019년 6월 24일.

27 〈경복대학교 AI면접안내〉, 경복대학교 유튜브 채널, https://www.youtube.com/watch?v=Ye7kna1rbrU

28 〈Experts see new roles for artificial intelligence in college admissions process〉,《The Hill》, 2021년 5월 17일.

29 〈2022학년도 대입부터 자기소개서 등 위조할 경우 무조건 합격 취소〉,《경북일보》, 2019년 8월 30일.

30 〈AI역량검사·뷰인터HR·카퍼킬러HR…'AI 채용'이 대세〉,《한국경제》, 2021년 3월 15일.

31 〈시험 감독도 이제는 인공지능으로〉,《정책주간지 K-공감》, 2021년 1월 25일.

32 〈일부 대학 초기 단계 활용 시작…사정관 보완 수준〉,《미주중앙일보》, 2021년 5월 24일.

33 〈축구 중계하랬더니 '심판 대머리' 공으로 착각해 경기 내내 쫓아다닌 AI 카메라〉,《인사이트》, 2020년 11월 3일.

34 〈체스 대화를 인종 차별로 오해한 AI…해프닝으로 봐야 할까〉,《AI타임스》, 2021년 2월 23일.

35 〈"대입제도 또 바뀐다고?"…학부모들 피로감 호소〉,《동아일보》,

2021년 2월 18일.

36 〈청소년 10명중 6명 "SKY캐슬' 입시 코디네이터 도움 원하지
    않는다"〉,《뉴스1》, 2019년 2월 25일.

37 〈수능 점수 넣으면 지원 대학 '척척'…이젠 교육도 AI〉,《SBS 뉴스》,
    2020년 12월 18일.

38 〈구리시, 인공지능 컨설팅 시스템 활용 '맞춤형 입시전략' 선보여〉,
    《머니S》, 2021년 5월 26일.

39 Edmond Awad 외, 〈The moral machine experiment〉,《Nature》
    563권 7729호, 2018년, 59~64쪽.

40 〈위기일발 자율주행차, AI는 누구를 살릴까〉,《서울신문》, 2018년
    10월 24일.

41 〈자율주행차 사고 났다, 운전자? 제조사? 누구 책임인가〉,
    《국민일보》, 2022년 1월 2일.

42 〈구글, 사람처럼 전화 통화하는 인공지능 공개〉,《블로터》, 2018년
    5월 9일.

43 〈"내 계좌로 22만 유로 보내" 전화로 대표 목소리 흉내 낸 AI〉,
    《아이뉴스24》, 2019년 10월 8일.

44 〈"너무 위험한 도구" 자동 글쓰기 AI 마침내 공개〉,《한겨레》,
    2019년 11월 14일.

45 〈"이 정도는 내가 쓸게요" 똑똑해진 'AI 기자'〉,《MBC 뉴스데스크》,
    2020년 7월 7일.

46 〈GPT-3, 인류 역사상 가장 뛰어난 '언어 인공지능'이다〉,
    《AI타임스》, 2020년 8월 14일.

47 〈Precursors to a Digital Muse〉,《Experiments with Google》,
    https://experiments.withgoogle.com/collection/aiwriting

48 〈인공지능 소설 절반의 성공〉,《한겨레》, 2016년 3월 22일.

49 〈"실망스럽다"vs."당연하다" 의견 분분…유럽연합, AI 규제안 발표 후 글로벌 기업 반응은?〉,《AI타임스》, 2021년 4월 26일.

50 〈'챗GPT 활용' 적발기술도 잇따라…'변형 사용' 땐 무용지물〉,《한겨레》, 2023년 2월 20일.

51 〈AI가 만든 창작물에 저작권 인정…법적 책임도 진다〉,《아주경제》, 2020년 12월 24일.

52 〈AI의 생성물 저작권법 보호 받을 수 있나?〉,《사이언스타임즈》, 2020년 6월 23일.

53 〈"그 목소리가 AI였다니"…다큐멘터리 속 스타 셰프 목소리 딥페이크 응용 내레이션 논란〉,《AI타임스》, 2021년 7월 19일.

54 〈美 송유관도 셧다운…ICT기업, AI 해커 막을 '보안벽' 세운다〉,《매일경제》, 2021년 5월 17일.

55 〈성큼 다가온 인간과 전투로봇의 전쟁〉,《중앙일보》, 2020년 2월 28일.

56 〈"정의 구현 킬러 로봇이 필요하다" AI 윤리 컨퍼런스서 병사 대체 로봇 투입에 찬반양론 분분〉,《사이언스타임즈》, 2020년 9월 21일.

57 〈서울 중학생 '1인 1스마트기기', 전체 학교급으로 확대 검토〉,《연합뉴스》, 2022년 7월 17일.

58 〈Is AI The Future Of Education?〉,《CNN10》 유튜브 채널, https://www.youtube.com/watch?v=7devgjUP2pY

59 〈[박해리의 에듀테크 탐사] ①일본 시골 학교에 로봇이 오다〉,《중앙일보》, 2018년 11월 8일.

60 〈How China Is Using Artificial Intelligence in Classrooms〉,《The Wall Street Journal》 유튜브 채널, https://

www.youtube.com/watch?v=JMLsHI8aV0g

61 〈IT·가전 기업, 스마트홈 플랫폼 '기기 간 연결성 강화' 경쟁〉,
《부산일보》, 2021년 10월 16일.

62 〈얼굴이 신분증? LG CNS AI 안면인식(얼굴인식) 출입
서비스〉, LG CNS 유튜브 채널, https://www.youtube.com/
watch?v=NTRqD-XMPgQ&t=114s

63 〈CCTV서 난데없는 남성 목소리가⋯해킹 노출된 '스마트홈'〉,《SBS
뉴스》, 2019년 12월 15일.

64 〈[기술자들] 미래형 혁신 주거 공간 스마트 홈〉,《YTN 사이언스》,
2018년 3월 24일.

65 〈스크린 타임 하루 2시간 이상, 고도비만 위험 3배 증가〉,
《오마이뉴스》, 2019년 1월 8일.

66 〈인공지능 오작동, 새로운 위험 '리스크플랜' 미리 마련해야〉,
《사이언스타임즈》, 2016년 11월 23일.

67 〈[인터뷰] 유발 하라리 "감정 없는 인공지능, 10년내 인류 앞선다"〉,
《연합뉴스》, 2016년 3월 10일.

68 〈2019년 가장 두려운 '인공지능 위험'은?〉,《한겨레》, 2019년 1월
11일.

69 〈"코로나19로 '기근 바이러스' 대확산⋯1분마다 11명 사망"〉,
《뉴시스》, 2021년 7월 9일.

70 〈강남 서울대 입학, 강북 21배⋯'SKY캐슬'은 현실이었다〉,
《중앙일보》, 2019년 2월 23일.

71 〈국가수준학업성취도 평가, 중·고생 학력 떨어지고 지역 간
교육격차 심화〉,《에듀프레스》, 2021년 6월 2일.

72 〈도시-읍면 농촌지역 사교육 격차, 고학년일수록 더 커져〉,

《한국농어민신문》, 2021년 11월 9일.

73 〈어린이청소년을 위한 독서 인공지능 서비스 개발 및 활용 기반
연구〉, 국립어린이청소년도서관, 2019년 8월.

74 〈똑똑! 수학탐험대 안내 영상_학부모용 [교육부]〉, 교육부TV
유튜브 채널, https://www.youtube.com/watch?v=03lwZyzPSrs
&ab_channel=%EA%B5%90%EC%9C%A1%EB%B6%80TV

75 〈EBSe AI 펭톡(PENGTALK) 이용 가이드 | 초등학생을 위한
영어 말하기 학습 앱〉, EBS English 유튜브 채널, https://
www.youtube.com/watch?v=n9CMGqU6loU&ab_channel=E
BSENGLISH

76 〈LG유플러스·농협중앙회·고려대, 도농 간 교육 격차 해소 위한
운영기금 전달〉, 《오토데일리》, 2019년 12월 9일.

77 〈초중고 10곳 중 4곳, 학급당 학생수 OECD 평균 상회〉,
《연합뉴스》, 2021년 2월 12일.

78 〈"부모 소득양극화가 자녀 코로나 교육격차로⋯약자 지원 늘려야"〉,
《연합뉴스》, 2021년 2월 12일.

79 〈교육 격차 줄여준다던 AI 선생님⋯"1년에 가격은 166만 원"〉,
《중앙일보》, 2020년 12월 3일.

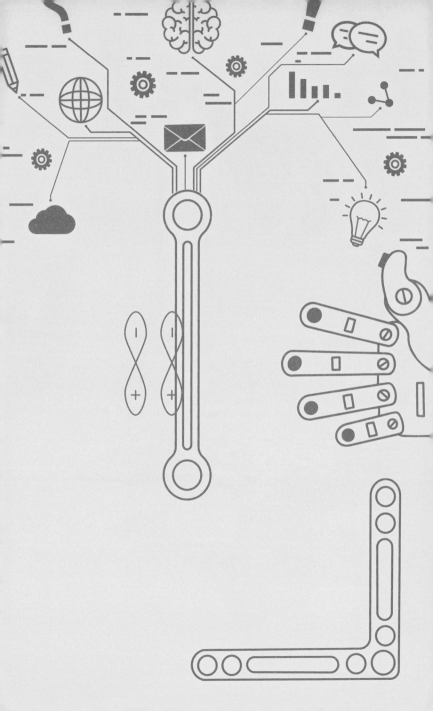